Nur mal kurz zum Nachdenken

Auch nach der finstersten Nacht wird's wieder hell. Stammtisch-Betrachtungen über Gott und die Welt von Manfred Bomm.

Ernst und satirisch - aber immer wahrheitsgetreu.

AF176722

Manfred Bomm

Nur mal kurz zum Nachdenken

Auch nach der finstersten Nacht wird's wieder hell

Bibliografische Information der Deutschen Nationalbibliothek:
Die Deutsche Nationalbibliothek verzeichnet diese Publikation in der Deutschen Nationalbibliografie; detaillierte bibliografische Daten sind im Internet über http://dnb.dnb.de abrufbar.

© ManfredBomm@t-online.de

Lektoriert hat eine ganz liebe Freundin von mir.

Herstellung und Verlag: BoD – Books on Demand, Norderstedt

ISBN: 978-3-7543-3190-3

© 2021, Manfred Bomm

Die Wahrscheinlichkeit ist groß, dass Sie nicht zu den regelmäßigen Kirchengängern gehören, aber trotzdem an „irgendetwas glauben". Ja, selbst wenn Sie keinerlei Bezug zu einer „höheren Macht" haben, also wirklich gar nichts glauben, sollten Sie das Buch nicht gleich beiseitelegen. Denn möglicherweise werden Sie in Ihrer Einschätzung sogar noch bestätigt – dann können Sie mit Fug und Recht sagen, dass jegliche Glaubensrichtungen Humbug sind und nur das Hier, Jetzt und Heute zählt.

Ich war ein Berufsleben lang Journalist und schreibe seit geraumer Zeit Kriminalromane, bisweilen auch Wanderbücher und neuerdings sogar Satirisches. Vieles, was ich erlebt und worüber ich geschrieben habe, hat mich geprägt und nun bewogen, ein paar ganz persönliche Gedanken festzuhalten. Sozusagen über Gott und die Welt. Damit wir uns nicht falsch verstehen: Ich möchte Sie zu nichts bekehren – zu keiner Weltanschauung, zu keiner Glaubensrichtung und zu keiner Sekte. Ich möchte nur eines: dass Sie über die Welt und die vielen Wunder um uns herum nachdenken – und auch ein bisschen über die Politik. Mehr nicht.

Das könnte der Welt helfen. Und Ihnen vielleicht auch. Mögen andere auch sagen, es sei alles nur Stammtischgeschwätz. Aber damit kann man ohnehin jegliche andere Meinung abwürgen.

Einführung

In der täglichen Hektik geht manches verloren. Vor allem der Blick auf das Wesentliche. Nein, ich meine nicht auf das Geld. Sondern auf das, was uns umgibt. Und was uns ausmacht. Auf die Natur, deren Bestandteil auch wir Menschen sind. Viel zu oberflächlich gehen wir mit dieser Tatsache um. Denn alles scheint ganz „normal" zu sein – berechnet, erklärbar, logisch und nachvollziehbar.

Aber wer nur mal kurz innehält und nachdenkt, muss erkennen, dass alles in der Natur einem System folgt. Und dann können sehr schnell Zweifel aufkommen, es könnte vielleicht doch alles anders sein. Vielleicht muss man erst ein paar Jahre älter geworden sein, um dies zu erkennen. Nein, ich will Sie nicht belehren. Sie dürfen ruhig sagen: Warum will der denn eigentlich schon zu solchen Themen etwas schreiben? Der hat weder etwas Spezielles studiert noch ist er theologisch vorgebildet. Eigentlich nur ein Laie. Ja, stimmt. Aber einer mit einer gewissen Lebenserfahrung. Und mit dem Mut, bisweilen als „Stammtisch-Schwätzer" abgetan zu werden. Aber sind wir doch mal ehrlich:

Sind wir nicht alle in den Augen derer, die glauben, die Weisheit mit Löffeln zu sich genommen zu haben, ein bisschen „Stammtisch-Schwätzer", die von nix eine Ahnung haben? Dabei sind wir, die Bodenständigen, doch ein Teil des Volkes. Um nicht großspurig zu behaupten, dass wir alle das Volk seien. Nein, das sind wir nicht. Es darf ruhig auch noch andere Meinungen geben. Wir werden Andersdenkende nicht mit Steinen bewerfen. Die Meinungsfreiheit ist ein hohes Gut.

Die Welt ist viel zu schön, um nur ideologische Gefechte auszutragen. Es lohnt sich, die Geheimnisse um uns herum näher zu betrachten. Dann erkennen wir mit einem Mal: Wir sind viel zu lange achtlos und oberflächlich mit unserer Umwelt umgegangen. Und mit dem, was dahinter verborgen ist. Erleben Sie mal einen Frühlingsmorgen, noch vor Sonnenaufgang. Und Sie werden spüren, wie Sie von einer geheimnisvollen Natur umgeben sind. Wenn der helle Tag der finsteren Nacht weicht.

Unsere Wissenschaft versucht zwar, alles in dieser Welt zu erklären – wenn es sein muss, auch auf ganz abenteuerliche Weise, aber vieles davon ist halt reine Theorie, oder es basiert auf Indizienbeweisen, die entsprechend ausgelegt wurden. Genau wie vor Gericht, können Indizien manchmal in die falsche Richtung weisen – nur, weil sie logisch erschienen, in Wahrheit aber etwas ganz anderes, ja sogar Unwahrscheinliches geschehen ist.
Das, was uns die Natur vorgibt, bezeichnen wir als physikalische Gesetze, die wir mit unseren Rechenmethoden in ein mathematisches Schema gepresst

haben, stets im Bemühen, darin logische Regelmäßigkeiten zu erkennen.

Folgt man diesem, muss nur eines gelten: Es kann nicht sein, was nicht sein darf. Um das Weltbild nicht ins Wanken zu bringen, das in den vergangenen Jahrhunderten Stück für Stück zusammengebastelt wurde, wird vieles bewusst außer Acht gelassen oder einfach ignoriert. In unserer westlichen Hemisphäre lassen wir grundsätzlich nur das gelten, was sichtbar ist, was sich berechnen lässt – vor allem aber, was den gängigen Schulweisheiten entspricht. Durch alle Raster fällt dabei die Religion – unabhängig von jeglicher Konfession. Der Zwiespalt, der sich damit auftut, wird völlig übergangen. Kein Wunder, dass die Gotteshäuser leer bleiben, wenn niemand mehr an etwas glaubt, das sich jenseits unseren Wahrnehmungsmöglichkeiten abspielen könnte. Wenn es nichts gibt, was den Lauf der Dinge beeinflusst, wenn alles um uns herum ein reiner chaotischer Zufall ist, dann brauchen wir keinen Schöpfer und keine höhere Macht.

1
Unsichtbare Mächte in Hongkong

Wenn man aber nicht ganz abgebrüht und in den Sog der materiellen Welt gezogen ist, dann kommt man irgendwann ins Grübeln. Vor allem dann, wenn man nicht mehr tagtäglich gezwungen ist, im Hamsterrad von beruflichem Druck und Jagd nach Geld zu strampeln, um finanziell einigermaßen über die Runden zu kommen.

Wohl dem, der diesem Stress nicht – oder nicht mehr – ausgesetzt ist. Leider haben aber gerade diejenigen, die sich derlei Sorgen nicht zu machen brauchen, über jene das Sagen, die davon betroffen sind.

Dass man dann irgendwann anfängt, über den Sinn von allem nachzudenken, muss nicht verwundern. Vielleicht hatten ja die Altvorderen gar nicht so unrecht, wenn sie an etwas „Höheres" glaubten, das zumindest unserem westlichen Kulturkreis bisweilen völlig abhandengekommen zu sein scheint.

Denn alles, was um uns herum in der Natur geschieht, beweist uns doch schon bei oberflächlichem Betrachten, dass wir von einem ausgeklügelten Wunderwerk umgeben sind. Das nehmen natürlich jene nicht wahr, die nur über Bilanzen, Geschäftsberichten und Profit brüten – mögen einige davon aber trotzdem in stillen Stunden darüber nachdenken, was hinter dem Wunder des Lebens stecken könnte.

Beeindruckt hat mich in diesem Zusammenhang der Besuch eines kleinen buddhistischen Tempels inmitten der Hochhaus-Hektik von Hongkong. Es war zur Mittagszeit, als ich von der lauten Straße in die von Kerzen erhellte und vom strengen Geruch der Räucherstäbchen erfüllte Stille eintrat. Vermutlich wäre ich als Tourist an dieser Gebetsstätte achtlos vorbei gegangen, hätte nicht die Fremdenführerin ausdrücklich betont, dass man problemlos eintreten könne. Die Atmosphäre, die mich dort in der andächtigen Dunkelheit umgab, war beeindruckend: Menschen, deren Äußeres auf Büroangestellte – vermutlich Bänker – schließen ließ, zündeten Räucherstäbchen an und hielten für ein paar Minuten inne. Für einen Moment stellte ich mir eine solche Szenerie zur Mittagszeit im Frankfurter Bankenviertel vor – mal abgesehen davon, dass statt eines buddhistischen Tempels dort eine christliche Kirche in Reichweite wäre.

Irgendwie, so wurde mir inmitten des geschäftigen und lauten Hongkongs bewusst, scheinen sich die Menschen von unsichtbaren Mächten umgeben zu wähnen , die uns jenseits des Materiellen begleiten. Was immer oder wer auch immer das sein mag. Jedenfalls findet sich der Glaube daran in nahezu allen Kulturen dieses Planeten. Alles nur die verzweifelte kollektive Hoffnung, dass wir nichts anderes als ein Zufallsprodukt einer günstigen Konstellation zu einer Sonne sind? Ein „Wegwerfprodukt"? Mit einem Haltbarkeitsdatum, das spätestens etwa 100 Jahre nach der Geburt abläuft?

2
Anton und Berta in einer materiellen Welt

Dann also wären wir alle nur Teil eines gigantischen Zufalls, weil unser Planet glücklicherweise im sogenannten habitablen Bereich um ein Zentralgestirn rotiert, und sich so auf irgendeine Art und Weise – sozusagen aus dem Nichts heraus – tausend-millionenfaches und vielfältiges Leben entwickelt hat. Doch so sehr diese materialistisch eingestellte Betrachtungsweise auch um sich greift, es gibt seltsamerweise sehr viele Menschen, die in ihrem Innersten all diesen Einflüssen zum Trotz darüber nachdenken, welchen Sinn dieses unendliche Weltall hat. Wie alles einmal anfing und wie es einmal enden wird. Der Begriff von der Unendlichkeit ist für uns Menschen, die wir an Raum und Zeit gebunden sind, nicht vorstellbar. Doch gäbe es eine Dimension, wie auch immer geartet, in der Raum und Zeit gar keine Rolle spielen, dann wären Entfernungen und Zeitabläufe nicht von Bedeutung. Dass dies alles stark an Science-Fiction erinnert, ist mir sehr wohl bewusst. Ich stelle dies aber an den Anfang meiner Überlegungen, weil ich davon überzeugt bin, dass angesichts der unermesslichen Größe und der ungeheuren Ausdehnung des Universums, von dem wir kaum mehr als ein winziges Staubkorn sind, alles Denkbare in Betracht gezogen werden darf. Ich möchte aber ein Stück weit dazu beitragen, nicht nur über Gott und die Welt nachzudenken, sondern auch manches infrage zu stellen, was uns wie selbstverständlich und sozusagen naturgegeben in Lehrbüchern und im Studium vorgesetzt wird.

Deshalb möchte ich Ihnen Anton und Berta vorstellen. Ich habe allerdings keine Ahnung, wie diese aussehen könnten, ja, ich habe nicht mal einen Beweis für ihre Existenz. Doch ich glaube und ahne, dass es sie gibt: Engel. Sozusagen Beschützer und eine Art Vermittler zwischen hier und dort. Dass man sie zumindest in der deutschen Sprache einzeln mit dem maskulinen Artikel bezeichnet – also „der" Engel –, ist gewiss einer alten Tradition geschuldet. Ungeachtet des unsäglichen „Gendertums", mit dem der momentane politische Zeitgeist uns glauben machen will, eine geschlechtsneutrale Formulierung würde die Gleichberechtigung von Mann und Frau voranbringen, möchte ich auf derlei sprach-verhunzende politisch motivierte Verrenkungen verzichten. Mann und Frau mögen mir das nachsehen.

Anton und Berta stehen bei mir auf einem Sideboard. Sie sind relativ klein, nur fünf Zentimeter groß. Lustige Kerlchen. Einer hält die Hände vor dem Körper wie zum Gebet, der andere trägt eine Sonnenblume über der Schulter. Spontan würde ich sagen, dass der Betende der Anton ist und „der" andere somit Berta, das weibliche Pendant. Beide Namen stehen für den Anfang des Alphabets. Sie sind mir ans Herz gewachsen, weil die Art und Weise, wie ich sie bekommen habe, durchaus bemerkenswert ist. Vor vielen Jahren, als meine Nichte und mein Neffe

– es sind Zwillinge – neun Jahre alt waren, haben sie mir diese Engel zu einem meiner runden Geburtstage geschenkt. Eine beeindruckende Geste. Denn die Kinder stammen nicht gerade aus einem Elternhaus, wo Kirchgänge selbstverständlich sind. Sie wurden aber getauft, besuchten den (evangelischen) Religionsunterricht und kamen bisweilen gesprächsweise im Familien- und Verwandtenkreis mit der christlichen Kultur in Kontakt.

Aber dass Neunjährige kleine kunstvolle Engelsfiguren verschenken, die es nicht gerade in Spielwaren- oder Souvenirläden gibt, das hielt ich doch für bemerkenswert. Der Gedanke kommt auf, was wohl tief in diesen Kindern verborgen schlummern mochte. Ich will jetzt nicht gleich so weit gehen und mutmaßen, sie könnten „etwas" aus „vorzeitlicher Erfahrung" mitgebracht haben.

Mögen manche die Engelsdarstellungen auch als kitschig abtun, so versinnbildlichen sie für mich etwas, das sich unserer materiellen Welt entzieht. Natürlich haben Anton und Berta auch Flügel – in Anlehnung an uralte Gemälde. Vielleicht wollten uns die früheren Künstler damit nur symbolisieren, dass diese „Wesen" überall unterwegs sind. Und wie könnten sie dies anders sein, wenn nicht fliegend? Bemerkenswert ja, dass geflügelte Wesen längst vor der Erfindung des Flugzeugs aufgetaucht sind.

Wie bereits in früheren Zeiten, bedarf es auch heute noch Bilder – moderner ausgedrückt: Videos –, mit deren Hilfe wir uns etwas vorzustellen vermögen. Erst wenn wir ein Bild vor Augen haben, können wir uns daran orientieren. Denn wir sind als Geschöpfe dieser Welt auf Visualisierung getrimmt. Und dies, obwohl es nachgewiesenermaßen um uns herum vieles gibt, das wir nicht wahrnehmen können: unzählige Funkwellen auf unglaublich vielen Frequenzen und auch Geräusche, die unser Ohr nicht erfasst, während Tiere, wie etwa Fledermäuse, sich mit Ultraschall orientieren. Vermutlich gibt es viel mehr, was noch auf Erforschung wartet.

So, wie wir uns Frequenzen nur vorstellen können, wenn sie als Amplituden auf einem Monitor sichtbar gemacht oder mit einem Empfangsgerät in Bilder und Töne umgewandelt werden, so bleibt uns beim Glauben an verborgene Mächte auch nur die bildliche Darstellung von dem, wie wir deren Aussehen vermuten.

So betrachtet, sind „meine" Engel für mich Sinnbild für beschützende und vermittelnde Mächte oder Kräfte. Dass Engel nicht so aussehen und vermutlich dem materiellen Zugriff entrückt sind, ist unbestritten. Aber wir sollten nicht vergessen: Unsere ganze gigantische Telekommunikation (Funk) erfolgt über unzählige Apparaturen, die wir uns gewiss auch ganz anders vorstellen, als sie in Wirklichkeit sind: Router, Internetboxen, Umsetzer, Sendemasttechnik, Funkzellen oder Glasfaser. Die „Engel" also nichts weiter als ein „Knotenpunkt" im jenseitigen Netzwerk?

Ich komme auf Anton und Berta später noch zurück.

3
Viel Geld nur für Kriege

Nein, es geht hier nicht ums Überzeugen. Nicht um eine bestimmte religiöse Richtung, auch nicht um eine Ideologie. Auch nicht um Sektierer. Ich bin getaufter Katholik, jedoch davon überzeugt, dass es nur „einen Gott" geben kann. Nicht den der Katholiken und nicht den der Muslime. Denn wenn es einen gibt – wovon ich fest überzeugt bin – dann nur einen einzigen. Alles andere ist menschengemacht. Dass man sich der Religionen wegen gegenseitig totschlägt, ist ein Schwachsinn, der nur in der tief verwurzelten Dummheit der Menschen begründet sein kann. Lasst doch alle an eine große Macht und Kraft glauben! Einen jeden mit seinen Methoden und Mitteln. Ist doch völlig wurscht, wie man diese Macht nennt. Und legt endlich das verheerende Konkurrenzdenken und auch längst überkommene Traditionen ab, die gewiss zu jener Zeit, als sie „erfunden" wurden, ihre Berechtigung hatten. Jetzt aber schrecken sie ab und führen dazu, dass immer mehr Menschen daran zweifeln, ob ein Glaube wie eine Behörde verwaltet werden kann. Die Gläubigkeit eines Volkes an der Zahl der Gottesdienstbesuche zu messen, wäre ein Irrtum. Denn der Glaube ist in vielen Menschen tief verwurzelt – auch wenn sie nicht mal an Weihnachten zur Kirche gehen.

Davon fest überzeugt, möchte ich deshalb Denkan-stöße vermitteln, weil ich vermute, dass ich nicht der Einzige bin, der derlei Überlegungen anstellt, wie sie mich mit zunehmendem Alter beschäftigen. Wer nie etwas infrage stellt und auf dem bestehen-den beharrt, wird auch nicht offen sein für Neues und Innovatives. Und gewiss würde (oder wird sogar) mancher noch heute beharrlich die Meinung vertre-ten, die Erde sei eine Scheibe, wären da nicht schlaue Köpfe gewesen, die sich von dieser lange mit Zähnen und Klauen verteidigten Meinung nicht hät-ten beeindrucken lassen.

Wer hätte noch vor einem halben Jahrhundert Technologien für möglich gehalten, die wir heute wie selbstverständlich benutzen: mit einem kleinen Ge-rätchen in der Hosentasche augenblicklich mit je-mandem in Australien zu sprechen oder ihn sogar zu sehen. Das hätte man noch Mitte der 80er-Jahre ins Reich der Science Fiction verbannt. Ganz ohne Zwei-fel: Würde die Menschheit nicht Unsummen in die Rüstung pumpen und unablässig neue Kriegsherde entfachen, wären mit diesem Geld und der einge-setzten Intelligenz längst noch weitergehende Ent-deckungen und Entwicklungen gemacht worden. Viel-leicht sind sie es auch schon, ohne dass wir bisher davon erfahren haben.

4
Wettrennen zum Mond

Aber leider sind solche Innovationsschübe meist nur im Zusammenhang mit militärischen Strategien vorangetrieben worden. Noch heute wäre sicher kein Mensch auf dem Mond gewesen, wenn es damals, zu Zeiten des Kalten Krieges, kein Wettrennen dorthin gegeben hätte. Meist waren es häufig sehr kluge Köpfe, wahre Glücksfälle für die Menschheit, die ganz neue Zeitalter eingeläutet haben. Was die Atombombe anbelangt, war dies gewiss eine fatale negative Entwicklung – manche mögen sagen, ein Werk des Teufels. Dem gegenüber würde ich die großen Persönlichkeiten der Medizin stellen, die oft unter dem Einsatz ihres eigenen Lebens enorme Entwicklungen zuwege gebracht haben. Und natürlich, was die Computertechnologie anbelangt, die heute unser ganzes Leben beherrscht, die großen Software-Entwickler, darunter den charismatischen Steve Jobs von Apple, um nur einen namentlich hervorzuheben.

Nicht auszudenken, wie weit die Menschheit längst wäre, hätten nicht Kriege so viele junge Menschenleben zerstört. Was ging da an Intelligenz und bahnbrechenden Ideen für immer verloren! Welche Talente wurden da weggeschossen! Sinnlos und nur, weil einige schwachköpfige Generäle und machtbesessene Psychopathen weit entfernt der Frontlinie ihr feiges Schachspiel spielten und der eigenen

Macht wegen Bauernopfer in Form von Soldaten in Kauf nahmen, die kraft Befehl einen anderen Menschen als Feind betrachten mussten, der ihnen nie zuvor etwas getan hatte. Über diesen Irrsinn des menschlichen Vorgehens nachzudenken, das macht betroffen, zornig und bereitet Schuldgefühle, dieser Spezies Erdenmensch auch anzugehören.

Der Wunsch kommt auf, diesen Felsklotz, der gerade mal 13.000 Kilometer im Durchmesser misst, vor lauter Scham und Abscheu zu verlassen, um auf einem anderen Planeten eine neue Heimat zu suchen.

5
Verrückte haben Macht über Atomwaffen

Ich weiß, der Traum, einfach auf einen anderen Planeten umzusiedeln, ist natürlich Unsinn. Auch wenn manche ahnungslose Fantasten vielleicht dies als Ausweg sähen. Aber wenn Sie überlegen, dass unser Planet tatsächlich einmal ein Paradies war, und was die Menschheit daraus gemacht hat und es wider besserem Wissen noch immer tut, dann trifft wirklich ein Satz aus der Bibel zu (Lukas, 23,34): „Denn sie wissen nicht, was sie tun."

Jedenfalls tun tatsächlich viele so, als ob es gleich nebenan einen zweiten Planeten gäbe, auf den man sich dann retten könnte. Dieser Planet hier, diese Erde, liebe Leute, ist unsere Lebensgrundlage. Wenn wir nichts anderes tun, als ihn auszubeuten, den letzten Quadratmeter freies Land vollends zuzubetonieren, auf bestem Ackerland Gewerbegebiete und Hochregallager zu errichten und uns gegenseitig totzuschlagen, dann ist dieses Paradies, zumindest solang der Mensch hier sein Unwesen treibt, ein für alle Mal verloren.

Aber ich bin davon überzeugt, dass sich das Problem ganz von alleine löst. Und zwar dann, wenn der Mensch nicht mehr da ist. Nennen Sie mich jetzt Schwarzseher oder Miesmacher, aber ich bin nicht der Einzige, der dies prophezeit. Die Menschheit wird sich selbst ausrotten, die Bevölkerung wächst, die Ressourcen werden kleiner, an den Schalthebeln der Macht sitzen immer mehr Schwachköpfe und Psychopaten, und wenn sich das Problem nicht durch neue Krankheitserreger, Epidemien und den tödlichen Kampf um Lebensmittel und Wasser löst, dann drückt irgendwann einmal ein Wirrkopf auf den großen Atomknopf und macht den Planeten zur Wüste. Oder jemand drückt auf einen anderen Reset-Knopf. Was immer dies dann auch sein möge.

Man muss sich ja nur den Irrsinn vor Augen führen, wie viele atomare Sprengköpfe überall lagern – und wie viele Verrückte es gibt, die darüber die Macht haben und sich nicht bewusst sind, was sie damit anrichten können. In ihrem Wahn glauben sie sogar, selbst die Katastrophe überleben zu können.

Ein paar Störfälle in Kernkraftwerken haben uns ja verdeutlicht, wie die Folgen aussehen. Schon jetzt gibt es auf diesem Planeten einige große Areale, die auf Jahrhunderte, ja sogar auf Jahrtausende hinaus nicht mehr betreten werden können, weil sie verstrahlt wurden. Natürlich wird alles daran gesetzt, solche Super-GAUs zu verniedlichen, wie etwa, wenn behauptet wird, der Bereich um Fukushima sei größtenteils wieder bewohnbar, weil man die Landschaft sozusagen gereinigt habe. Wie verblödet muss die Menschheit sind, sich darunter einen großen Kärcher-Reiniger vorzustellen, mit dem die Radioaktivität sozusagen weggefegt wurde! Tschernobyl, im April 1986 in die Luft geflogen, wirkt sich noch heute auf den oberschwäbischen Raum in Deutschland aus. Erlegte Wildschweine müssen teilweise als Sondermüll entsorgt werden, Pilze gelten vielerorts als derart verstrahlt, dass sie ungenießbar sind. Aber so richtig drüber gesprochen wird natürlich in der Öffentlichkeit nicht mehr. Schließlich ist Radioaktivität nicht zu sehen, nicht zu riechen und nicht zu greifen. Der mediale Mainstream hält sich bedeckt. Es gibt tatsächlich noch immer verblendete und von den Lobbyisten der Stromwirtschaft getäuschte Politiker mit dem Eurozeichen im Auge, die uns einreden wollen, die Kernkraft sei unersetzlich. Wie war das noch mal in diesem eiskalten Winter 2011/12? In den Monaten zuvor hatte man uns vorgeweint, dass allein schon das Abschalten eines oder zweier Kernkraftwerke in Deutschland die Stromversorgung zusammenbrechen lassen würde, schon gar in einem eisigen Winter. Und dann waren nach Fukushima nicht mal noch die Hälfte der deutschen

Kernkraftwerke am Netz, der Winter so kalt wie seit Jahrzehnten nicht mehr – und passiert ist, oh Wunder, überhaupt nichts. Okay, vermutlich wurde kräftig Strom aus ausländischen Kern- und Kohlekraftwerken zugekauft. Man kann schließlich nicht schnell mal auf Kernkraft verzichten – aber man kann zumindest sorgfältig und verantwortungsbewusst nach Lösungen suchen. Ohne ideologisches Gezänke, mit dem die kritische Bevölkerung nur irritiert wird.

Wie der momentane Ausstieg aus der Kernkraft vollzogen werden soll, hat man so genau noch nicht erklärt. Wir lassen uns mit falschen Fakten füttern – und die Medien plappern es ungeprüft nach. Ja, sie kommentieren manch komplexes Thema sogar mit einfachen Formulierungen und schicken uns mit ihren Weisheiten nach dem Nachtmagazin oder den Tagesthemen in den Schlaf. Oder sie „verstecken" ihre kritischen Alibifunktions-Berichte in eine Sendezeit, die fürs werktätige Volk unpassend ist. Wenn's kritisch wird, ist es besser, die Fernsehzuschauer schlummern vorher ein …

6
Es gibt keine zweite Erde

Nein, liebe Freunde, wenn nicht die Koalition der verantwortungsvollen, vernünftigen und korruptionsfreien Menschen zusammensteht, weltweit, und jeder an seinem Platz, mit seinen bescheidenen Verhältnissen, für eine Umkehr kämpft, darüber nachdenkt, dass vieles, was uns als gegeben vorgesetzt wird, manipulierte Halbwahrheiten sind, dann wird diese Welt vor die Hunde gehen. Eine Welt, die noch genügend Platz für alle hätte. Die auch genügend Lebensmittel hervorbringen würde, die gerecht zu verteilen wir nicht in der Lage sind, weil uns Kriege und massive wirtschaftliche Interessen daran hindern. Eine Welt, die im Umkreis dessen, was wir derzeit im Weltall mit unseren Raketenantrieben realistischerweise erreichen können, einmalig ist. Jahrzehntelang wurde uns ja von den Wissenschaftlern gebetsmühlenartig versichert, dass es da draußen im Universum auf gar keinen Fall anderes intelligentes Leben geben kann. Wobei natürlich der Begriff „intelligentes" angesichts der menschlichen Spezies auf unserem Planeten ein sehr dehnbarer und relativer Begriff ist. Denn die Frage darf erlaubt sein: Würden uns denn Außerirdische, wenn sie unser Verhalten studierten, tatsächlich als intelligent einstufen oder eher als barbarische Wilde, die ihren ganzen Verstand darauf ausrichten, sich gegenseitig totzuschlagen und die das sogar im Namen eines Gottes oder eines Propheten tun? Nein, ich glaube, diese Außerirdischen, die uns allein schon aufgrund der Entfernung, die sie bis zu uns zurücklegen müssten, in vielem um Jahrhunderte, wenn nicht um Jahrtausende voraus wären, würden eine Kontaktaufnahme äußerst vorsichtig vornehmen und uns vielleicht zunächst langfristig beobachten und studieren.

Um es nochmals ganz klar zu sagen: Ich möchte Sie mit meinen Gedanken zu nichts bekehren, ich möchte auch keinen Verschwörungstheorien nachhängen oder gar als Ufogläubiger abgestempelt werden, sondern nur aussprechen, womit ich bei vielen Freunden und Bekannten auf offene Ohren, bisweilen natürlich auch auf Ablehnung gestoßen bin. Immer aber waren es anregende Diskussionen, die natürlich auch mit dem Allerweltstotschlagsargument abgewürgt werden können: reines Stammtischgeschwätz. Diese Feststellung ist meist ohnehin das Einzige, was Politikern einfällt, wenn man nicht dem allgemeinen Mainstream folgt und unverblümt seine Meinung sagt. Dann wird man allzu oft für dumm hingestellt, bisweilen sogar der öffentlichen Lächerlichkeit preisgegeben und mit dem Hinweis abgetan, man kenne die Hintergründe und die „großen" Zusammenhänge nicht – und vor allem das große Ganze nicht. So jedenfalls meine Erfahrung mit Abgeordneten, die auf schriftliche Kritik meist umschweifend, aber häufig mit erkennbaren Textbausteinen antworten.

Dabei darf durchaus gemutmaßt werden, dass das gepriesene große Ganze meist aus dem Sammelsurium und Konglomerat besteht, das irgendwelche Lobbyisten zusammengeschrieben haben, um damit die Entscheidungsträger geradezu zu bombardieren. Im besten Fall handelt es sich bei den Argumentationshilfen nur um Papier aus dem Drucker – und nicht auch noch aus der Notenpresse.

Um überhaupt ermessen zu können, wie klein und unbedeutend wir sind, muss man sich mal die Ausmaße des Universums vor Augen zu führen. Das heißt: Dies zu tun, ist eigentlich unmöglich, weil man nicht weiß, wo, warum und wie irgendwelche Grenzen sind und welcher Art diese sein könnten. Das weiteste Licht, das man angeblich in Super-Teleskopen auffängt, ist rund 15 Milliarden Jahre unterwegs gewesen. 15 Milliarden Jahre lang hat der Lichtstrahl gebraucht, bis er bei uns sichtbar wurde. Dazu muss man wissen, dass das Licht in einer einzigen Sekunde knapp 300.000 Kilometer zurücklegt. Angesichts dieser unvorstellbaren Entfernung zu behaupten, wir würden bereits das Weltall erkunden und wir würden Raumfahrt betreiben, ist lächerlich. Der Mond, auf dem einige wenige Menschen in den späten 60er- und frühen 70er-Jahren waren, ist gerade mal so durchschnittlich 370.000 Kilometer weg. Also eine einzige Lichtsekunde etwa.

Unsere Erde – wie bereits erwähnt – hat einen Durchmesser von 13.000 Kilometern und einen Umfang von 49.000 am Äquator. Angesichts heutiger Verkehrsmittel geradezu ein Klacks. Erschreckend klein. Das mutet doch geradezu furchterregend an. Um uns herum nichts als Schwärze. Der blaue Himmel ist eine reine Illusion, hervorgerufen durch Brechung des Sonnenlichts in der Atmosphäre. Sobald man diese verlässt, herrscht absolute Finsternis, es sei denn, ein Objekt wird von der Sonne beschienen, wie etwa eine Raumstation oder der Mond und die übrigen Planeten in unserem Sonnensystem.

Und verließen wir dieses System, das aus acht Planeten besteht (der Winzling Pluto wurde ja jüngst herabgestuft), dann würde man in die unendliche Schwärze eintauchen und nur die Sterne sehen, die bekanntermaßen nichts anderes sind als Sonnen, aber halt so weit entfernt, dass sie nur als Sternenpunkte erkennbar sind.

Dass diese Sterne – also Sonnen – auch Planetensysteme haben, die etwas Erdähnliches hervorgebracht haben, also einen ähnlich günstigen Abstand zu ihrem Licht- und Wärmespender haben wie unsere Erde, ist durchaus denkbar. Dies ist auch der Grund, weshalb die Wissenschaft in jüngster Vergangenheit von ihrer lange streng verteidigten Behauptung abgewichen ist, es werde kein außerirdisches Leben geben können. Inzwischen nähert man sich aber vorsichtig den neuen Erkenntnissen und Gegebenheiten. Dass erst Mitte 2015 die NASA auf dem Mars Hinweise auf flüssiges Wasser entdeckt hat, lässt natürlich aufhorchen, hat aber in den Medien auch keinen großen Niederschlag gefunden. Meist waren die Meldungen irgendwo auf einer allgemeinen bunten „Weltenseite" versteckt. Nur einige wenige Zeitungen haben es riskiert, dies weiter vorne zu vermelden.

Damit jedoch wäre zumindest eine wichtige Voraussetzung für Leben, wie wir es kennen, auf dem Mars vorhanden. Interessant war – das muss man hervorheben – , dass die Formulierung „Leben, wie wir es kennen" wohl erstmals in dieser Deutlichkeit aufgetaucht ist. Dies lässt immerhin den Umkehrschluss zu, dass es durchaus auch irgendwo Leben geben kann, „wie wir es nicht kennen". Wie selbstverständlich gehen wir davon aus, dass sich überall im Universum Leben nur unter den Bedingungen „wie wir sie kennen" entwickelt haben kann. Aber was heißt „entwickelt"? Sozusagen aus dem Nichts heraus, wie die Wissenschaft es uns vormacht.

7
Das absolute Nichts

So, wie es in der Technologie mehrere Möglichkeiten gibt – wie etwa das digitale und das analoge System – so kann es durchaus auch in anderen Bereich etwas völlig anderes geben. Was spräche dagegen, dass in dem unergründlichen Universum noch ganz andere Entwicklungen stattgefunden haben? Wer gibt uns denn die Gewissheit, dass es in einer anderen Galaxy, also außerhalb der Milchstraße, der unsere Erde mit einer Vielzahl von Sonnen angehört, nicht auch noch andere physikalische Gesetze gibt? Immerhin können wir bis heute unsere eigene Gravitation nicht erklären. Und auch die Quantenphysik gibt noch viele Rätsel auf.

Sie sehen, verehrte Leser, es gibt unglaublich viel, worüber man diskutieren und philosophieren kann und worüber man auch unterschiedliche Meinungen vertreten darf. Ich lade Sie deshalb dazu ein, dem einen oder anderen Gedanken noch ein bisschen nachzuhängen.

Stellen Sie sich das absolute Nichts vor. Wir, die wir in Raum und Zeit gefangen sind, tun uns damit schwer. Ein Nichts ist für uns so etwas wie ein absolut leerer Raum, eine riesige Halle, pechschwarz, ohne Licht. Stellen wir uns dies in der Größe des Universums vor. Ein absolutes Nichts. Absolute Leere. Und keine Begrenzung. Oder doch? Alles nur eine Illusion?

Wenn aber nichts da ist, auch niemand, der sich dies vorstellen kann, kein Mensch, keine Intelligenz, kein Geist – dann bedarf es auch keines Raumes. Es wäre ja niemand da, der diese Leere erkennen müsste. Das heißt doch im Umkehrschluss: Vielleicht wäre doch etwas da – nur keiner könnte es zur Kenntnis nehmen.

Verrückte Vorstellung, ich weiß. Dieses kleine Gedankenexperiment soll nur verdeutlichen, was es bedeutet, sich das Universum vor der Zeit vorzustellen. Denn wo nichts ist, kann es doch auch gar keine Zeit geben. Nichts wäre vergänglich, kein einziger Lichtstrahl würde durch einen Raum rasen können. Nichts, wie gesagt, würde bedeuten, dass ohnehin niemand das Nichts wahrnehmen könnte.

Unsere heutige Wissenschaft geht davon aus, dass sich das Weltall, also „der Raum", unablässig ausdehnt. Wohin und wie weit, das bleibt vorläufig rätselhaft, wenngleich ganz kühn behauptet wird, eines fernen Tages würde sich dieser Raum wieder zusammenziehen und auf Stecknadelkopfgröße reduziert sein.

Dies sich vorzustellen, fällt ebenso schwer, wie die Theorie vom absoluten Nichts.

Florian Freistetter, ein österreichischer Astronom, Wissenschaftsblogger und 2012 mit dem deutschen IQ-Preis ausgezeichnet, gibt zu bedenken: „Wir können nur das sehen (und wenn ich ‚sehen' oder ‚beobachten' schreibe, dann meine ich immer auch ‚messen', ‚registrieren' oder sonst irgendwie ‚wahrnehmen'), was auf die eine oder andere Art mit uns in Verbindung steht."

Ferne Sterne seien nur wahrzunehmen, weil das von ihnen abgestrahlte Licht auf die Detektoren der Teleskope treffe. Auch Gaswolken und Röntgenstrahlung lassen sich auf diese Weise bestimmen. Ziemlich genau glauben wir, das Alter des Universums somit auf 13,819 Milliarden Jahre einstufen zu können. Freistetter gibt zu bedenken: Licht, das länger braucht, um die Erde zu erreichen, kann logischerweise noch nicht bei uns angekommen sein, weil das Universum dafür noch nicht alt genug ist. Demnach können wir in alle Richtungen nur 13,819 Milliarden Lichtjahre weit blicken. Weil sich jedoch das Universum angeblich ausdehnt, vergrößert sich die Entfernung permanent.

Und irgendwo in diesem schwarzen Nichts sitzen wir. Und nehmen uns unglaublich wichtig. Verplempern unsere Zeit mit Problemen, die keine wären, würden wir nicht aus jeder Mücke einen Elefanten machen.

Was glauben Sie, was schon einige wenige Lichtjahre entfernt jemanden das Gedöns auf diesem Planeten interessieren würde?

8
Stimme wie eine Posaune erheben
(Jesaja 51:1)

Wenn man sich all diese Gedanken verinnerlicht, taucht zwangsläufig die Frage auf, was es wohl noch alles gibt, das wir nicht kennen. Wodurch das alles entstanden ist, wo es seinen Anfang genommen hat – und vor allem: wozu das alles? Wie bereits oben erwähnt: Gäbe es keine Menschen, wäre alles einfach da, und niemand würde sich den Kopf darüber zerbrechen. Es wäre da. Ein Nichts. Ein leeres, totes Garnichts.

Und die Naturkräfte? Wären sie da? Und wenn ja, wozu – und was würden sie bewirken? Würden Sauerstoff, Wasser und einige chemische Stoffe die „Soße" zusammenrühren, aus der sich irgendwie aus toter Materie etwas Lebendiges formen würde? Sozusagen zwangsläufig?

Womöglich kommt die Menschheit noch hinter dieses „Kochrezept" fürs Leben. Dass daran gebastelt wird, davon bin ich zutiefst überzeugt. Aber ich hege erhebliche Zweifel daran, ob es jemals so ein Rezept gibt. Ob nicht doch eine große Energie, ein „Geist" nötig ist, um aus so einem chemischen Gemisch etwas lebendig werden zu lassen. Um es in der modernen Computersprache auszudrücken: Wir können zwar die Hardware basteln, aber die Software ist ein ganz anderes Kapitel.

Vielleicht sind Anton und Berta das, was man Teil einer Software bezeichnen könnte – etwas, das man bei Computern die KI nennt, die sogenannte „Künstliche Intelligenz."

Anton und Berta stehen für mich für Vertreter jener Energie, die alles zusammenhält. Sozusagen als Instrument der Schöpfung, deren Urheber wir nicht erfassen können.

Sie sind gewissermaßen ein Ankerpunkt, etwas Fassbares in einem Bereich des Unfassbaren.

Sie sind die Vermittler zwischen unserem Hiersein und einer anderen Dimension, einer anderen Welt, die es außerhalb unserer Sinne gibt. Anton und Berta stehen zwischen dem zeitlich Materiellen und dem Unendlichen.

Meine kleinen Figürchen verkörpern quasi diese nicht materielle und für uns deshalb unsichtbare Energie. Denn wir Menschen brauchen etwas, das wir sehen, fühlen und tasten können, um es zu begreifen. In allen Zeiten haben Menschen sich derart Symbolhaftes geschaffen: fantasievolle kunstvolle Gemälde, aber auch Altäre, Statuen und pompöse Gebäude, mit denen etwas Unfassbarem gehuldigt wurde. Nichts von alledem wird Realität sein, doch hilft es uns, Zugang zum Unerklärlichen zu finden.

Anton und Berta, diese lustig dreinschauenden Engelsdarstellungen, sind für mich so ein Zugang. Immerhin spielen Engel in vielen Religionen eine wichtige Rolle. Nicht zu vergessen der Schutzengel, der uns einem alten Glauben zufolge stets begleitet und uns behütet. Vielleicht sollten wir unser Augenmerk nicht allzu sehr auf die Frage richten, wie das alles funktioniert, was dahinter steckt — sondern eher mit einer gewissen Lockerheit das Leben sehen. Denn wenn etwas ist, wie es ist, dann werden wir es nicht ändern können. Die Schöpfung nimmt ihren Lauf, und es gibt keine Alternative dazu, kein entweder - oder — es ist alles so eingerichtet, wie es abläuft. Das Leben und das Sterben.

Wenn ich meine beiden Engel so anschaue, denen der Künstler ein verschmitztes Lächeln ins Gesicht gezaubert hat, dann muss ich umso mehr daran denken, dass wir nicht nur über unsere Fragen grübeln, sondern tatsächlich eine gewisse Leichtigkeit annehmen sollten. Manchmal habe ich sogar den Eindruck, die Engel seien wie kleine Kobolde, die einem bisweilen sogar einen Streich spielen könnten. Vielleicht sind sie auch schuld daran, dass manchmal in der Wohnung etwas verschwindet, das man krampfhaft sucht und dann plötzlich anderntags an einer Stelle wieder entdeckt, von der man felsenfest davon überzeugt ist, dort gestern intensiv gesucht zu haben.

Ich kann mich tatsächlich an einige Fälle erinnern, bei denen ich meine Engel gebeten habe, mir ein Zeichen ihres Hierseins zu geben – mit der Folge, dass anderntags irgendetwas im Haus nicht mehr funktioniert oder Rätsel aufgegeben hat. Mag sein, dass es Zufall war, vielleicht Einbildung oder dass ich im Nachhinein etwas hineininterpretiere, was ohnehin geschehen wäre.

Ich bin aber davon überzeugt, dass mich Anton und Berta beschützen, wenn ich fest an sie und ihre Kraft glaube und sie bitte, mir beizustehen. Dann geben sie mir Kraft, Zuversicht, Selbstvertrauen und Mut. Natürlich wird es nie einen wissenschaftlichen Beweis dafür geben können, denn die Frage, was ohne die Bitte um Engelshilfe geschehen wäre, lässt sich natürlich in keinem Experiment nachweisen.

Ich kann auch nicht erklären, was mich dazu angetrieben hat, statt eines Krimis dieses Büchlein zu schreiben. Ja, es war so etwas wie ein innerer Zwang, etwas loszuwerden, was möglicherweise viele Menschen fühlen und wie sie über die aktuellen Geschehnisse denken. Ich schreibe es für all diejenigen, die ihre Stimme nicht wie eine Posaune erheben. Weil sie es nicht können oder es nicht wagen.

Vielleicht waren es auch meine kleinen „Aufpasserlein", die mir den Anstoß für diesen Text gegeben haben.

Den Kontakt zu ihnen versuche ich, nicht abbrechen zu lassen. Ich bitte sie aber bisweilen auch, sich einem in Bedrängnis geratenen Freund anzunehmen und sich für ein paar Stunden von mir ab- und ihm zuzuwenden.

Ein Automatismus, dass dann alles so kommt und geschieht, wie man es sich erhofft, ist das natürlich (leider) nicht. Das sind dann die Momente, an denen Zweifel aufkommen. Zweifel an Engel, Gerechtigkeit und einem allmächtigen Schöpfer. Mir tun die Pfarrer leid, die bei jeder Beerdigung – insbesondere wenn junge Menschen gestorben sind oder eine Familie in besonders tragischer Weise vom Verlust eines Angehörigen getroffen wurde – die passenden tröstenden Worte finden müssen. Worte also für das Unfassbare. Anstatt wortreiche, theologische Verrenkungen zu machen, wäre es dann viel ehrlicher zuzugeben, dass es schwer fällt, einen Sinn dahinter zu suchen. Was nützen einem theologischen Laien in solchen Situationen die Hinweise auf den Glauben an eine Auferstehung und auf ein mögliches Treffen „im Himmel" – also im „Jenseits"? Das ist in diesen Stunden des Abschieds nur ein schwacher Trost. Wenn alles, was geschieht, einem großen Plan folgt, dann sucht man beim Tode eines jungen Menschen oder eines Angehörigen oder Freundes vergeblich nach einer Logik. Alles also nur Schicksal und Zufall? Oder hat gar jener Atheist recht, dessen Worte mir im Gedächtnis geblieben sind, als er den Tod so zu erklären versuchte: Jeder Mensch sei doch schon mal tot gewesen, nämlich vor der Geburt. Der Tod nach dem Leben sei vergleichbar mit dem Zustand vor der Geburt. Eine trostlose Vorstellung, nur für einen Wimpernschlag der ewigen Universumsgeschichte dagewesen zu sein.

Doch wer genauer über die Wunder der Schöpfung nachdenkt, wird sich mit dieser Theorie nicht abfinden. Mag auch der Wunschtraum der Vater optimistischer Gedanken sein, so kann man die Möglichkeit einer höheren Macht halt doch nicht so einfach wegwischen. Schade nur, dass sich die Verfechter der „Gar-nichts"-Theorie meist besserwisserisch lautstark Gehör verschaffen und geradezu militant keine andere Meinung gelten lassen wollen. Manchmal habe ich sogar den Eindruck, es sei völlig „unmodern", an etwas zu glauben.

Begonnen hat dieser Trend – so sehe ich es – in den späten 60er-Jahren des vergangenen Jahrhunderts. Als die Jugend der Nachkriegszeit zu Recht damit begann, alte autoritäre Zöpfe abzuschneiden, und gleichzeitig das Wirtschaftswunder erblüht war, da schien nur noch das Greifbare, das Reale zu gelten. Ich kann mich noch gut entsinnen, wie ich als damaliger Redaktionsvolontär alles sehr vorsichtig und oberflächlich formulierte, was in irgendeiner Weise mit Religion zu tun hatte. Ich selbst, das räume ich ein, hatte bereits nach zehnjähriger Schulzeit keinen richtigen Draht mehr zu der Kirche. Und dies, obwohl meine Oma väterlicherseits an unserem

Wohnort einst engagierte Mesnerin gewesen war. Aber es war zweifellos diese übergroße Frömmigkeit, von der ich mich als Schulbub eingeengt gefühlt habe. Hinzu kam die damals durchaus übliche dominierende und äußerst autoritäre Person des katholischen Pfarrers. Der führte im Religionsunterricht genau Buch darüber, wer welchen Gottesdienst besucht hatte. Der alphabetischen Reihenfolge nach wurden wir Schüler aufgerufen und abgefragt: Warst du am Sonntagmorgen in der Heiligen Messe, am Sonntagabend in der Andacht, am Dienstag- und am Donnerstagvormittag im Schülergottesdienst? Wehe, wenn bei der Frage nach dem Sonntagmorgen ein zögerliches „nein" kam. Denn dies schien eine „Todsünde" zu sein.

Wenn heute so viel von „Misshandlungen" durch Pfarrer die Rede ist, so könnte man im weitesten Sinne des Wortes auch in meinem Fall davon reden. Zwar gab es keine sexuellen Übergriffe, aber durchaus „handfeste" Argumente. So kam es beim Abfragen der Gottesdienstbesuche vor, dass unser Pfarrer jene Schüler, die allzu oft den Gottesdienst schwänzten, am Hinterkopf an den Haaren zog – und ihnen im schlimmsten Fall einen Handschlag ins Genick verpasste.

Mein Gott, denke ich heute, was bringt es denn, Sechs- bis Zwölfjährige in die Kirche zu prügeln, wenn sie die ganze, damals noch meist lateinisch vorgenommene Prozedur überhaupt nicht verstanden und eher – wie ich – übers Fernsehprogramm nachdachten? Dies alles führte doch nur zu einer Flucht aus der Kirche, sobald man dem System entkommen konnte.

Einmal jedoch kam's zu einem richtigen Eklat: Als ein Cousin aus der evangelischen Linie meiner Mutter Konfirmation hatte und wir dort den Sonntagsgottesdienst besuchten, gab ich bei der wöchentlichen Abfrage der Gottesdienstbesuche dies wahrheitsgetreu zu Protokoll. Doch diese ehrliche Antwort trieb dem Herrn Pfarrer geradezu die Zornesröte ins Gesicht: „Was, du warst in dieser Lügenkirche?", herrschte er mich an. Als ich meiner Mutter davon berichtete, war das Maß voll. Immerhin war sie von diesem Pfarrer ziemlich drangsaliert worden, als sie, die Protestantin, meinen katholischen Vater heiraten wollte. Der Gottesmann hatte sie gezwungen, den Glauben zu wechseln – mit all den damit verbundenen Zeremonien.

Und nun also dieser Vorwurf der „Lügenkirche". Meine Mutter vertraute sich in ihrer maßlosen Enttäuschung einem Vertreter des Kirchengemeinderats an. Offenbar, so mutmaße ich heute, hat es ziemlichen Wirbel verursacht, denn der Herr Pfarrer musste sich bei meiner Mutter hochoffiziell entschuldigen.

Warum ich das erzähle? Ganz einfach: Weil damit verdeutlicht wird, wie sehr noch bis über die Mitte des vergangenen Jahrhunderts hinaus tiefe Glaubensgräben selbst durch kleinste Gemeinden gezogen wurden. Und wie versucht wurde, den Menschen den Glauben aufzuzwingen. Die aber verspürten in diesen Jahren plötzlich andere Bedürfnisse. Die große Freiheit stieg in ihnen und ihren Nachkommen auf. Spätestens als die Motorisierung in viele Familien Einzug gehalten hatte, war der Sonntagvormittag nicht mehr für den Kirchgang reserviert, sondern für Ausflugsfahrten. Die Menschen, die die ganze Woche über hart arbeiten mussten und noch kein langes Wochenende genießen konnten, sehnten sich nach Erholung und Vergnügen. Sie zog es hinaus in die Natur - just dorthin, wo sie den Schöpfer, sofern sie wollten, hautnah erleben konnten. Wenn jemand allerdings sagte, in Wald und Flur könne er Gott am besten nahe sein, dann wurde dies sehr schnell als völlig abwegig bezeichnet. Heute bin ich trotzdem davon überzeugt, dass man gerade bei ausgedehnten Spaziergängen das Wunder der Schöpfung erkennen kann.

Unser damaliger Pfarrer – Gott hab ihn ob seines gutgläubigen Willens selig – hat oftmals von „Götzen" gesprochen, also von falschen Göttern, denen die Menschen dienten, wenn sie nur nach dem Materiellen strebten. Gemeint hat er damit das Auto, das in der Tat damals für viele Familien eine große Errungenschaft war und samstagnachmittags demzufolge liebevoll gewaschen und poliert wurde. Ein bisschen mochte der Pfarrer sogar recht gehabt haben, wenngleich das System des Materiellen noch nicht so perfektioniert war wie heute. Das Goggomobil, der Fiat 500 oder der VW Käfer waren ein kleines Glück nach schlimmen entbehrungsreichen Kriegsjahren. Heute freilich hat das Streben nach Macht und Profit ganz andere Dimensionen angenommen. Die „Götzen" sind größer geworden. Und doch schlummert tief in uns allen der Wunsch nach etwas Höherem – siehe die Bänker in Hongkong.

9
Rentner um finanzielle Vorsorge betrogen

Ein finanzielles Polster zu haben, kann beruhigen. Gerade in Zeiten, die wirtschaftlich unsicherer geworden sind und in denen die Politik durch die Lande mäandert und morgen nicht mehr gilt, was heute unumstößlich erschien. In Zeiten, in denen das System Personen nach oben spült, die mit Spikes an den Ellbogen und scheinbarer Gewissenlosigkeit nur ihrer eigenen Machtbesessenheit folgen, ist die Beständigkeit vergangener Jahrzehnte verloren gegangen. Es wird so dreist gelogen, dass ein Wahlversprechen, das noch vor zwei Monaten groß und breit an den Straßenrändern und auf Broschüren zu lesen war, heute schon gebrochen wird. Kein Witz. Hat sich in meiner Heimatstadt nach der Landtagswahl im Frühjahr 2021 so zugetragen – und keinesfalls nur durch eine einzige Partei.
Da werden zuhauf Rentner betrogen, die darauf vertraut hatten, sich mit erspartem Geld eine eigene

Altersversorgung aufzubauen – doch als dann die Auszahlung anstand, knöpfte ihnen der Staat die vollen prozentualen Beiträge für Kranken- und Pflegeversicherung ab. Basierend auf einem Gesetz, das viele Jahre nach Abschluss des Versicherungsvertrags – also rückwirkend – in Kraft trat. Wie es heißt, soll der Beschluss dafür zu spätmitternächtlicher Stunde im Bundestag gefällt worden sein. Abgeordnete, die darauf angesprochen wurden, hinterließen nicht gerade den Eindruck, voll informiert und sich der Folgen ihres beiläufigen Beschlusses bewusst gewesen zu sein. Im Übrigen geht es bei den Fehlbeträgen in der Altersversorgung nicht um „Peanuts", sondern bisweilen um viele 10.000 Euros. Okay, das mögen für manche Politiker, gemessen an ihrem Salär, durchaus nur „ein paar Peanuts" sein. Nicht aber für den Durchschnittsrentner, der mit zunehmender Altersarmut zu kämpfen hat.

Angesichts derlei Vorkommnissen muss künftig mit dem Schlimmsten gerechnet werden. Auch natürlich mit einer zunehmenden Politik-Verdrossenheit. Und mit einer Mentalität, die befürchten lässt, dass immer mehr Menschen nach dem Motto leben, sich selbst der Nächste zu sein. Die berechtigte Angst, den Job zu verlieren oder trotz Mehrarbeit immer weniger zu verdienen, nimmt zu. Was nützen die (meist geschönten) Statistiken, wonach die Löhne und Gehälter gar nicht mal so schlecht seien, wenn man sie nur brutto benennt und Steuern und soziale Abgaben gar nicht berücksichtigt?

Vielleicht haben auch Sie schon die missliche Erfahrung gemacht, dass Sie nach einer kleinen Gehaltserhöhung plötzlich weniger netto rauskriegen. Dann nämlich, wenn Sie in unserem völlig undurchsichtigen Steuersystem (ein ständiges Konjunkturprogramm für Steuerberater) in die nächst höhere Steuerstufe vorstoßen („Progression") und plötzlich höher besteuert werden. Grotesk und eine Verachtung der menschlichen Arbeit. Das Schlimme ist: Alle wissen es – aber keiner tut etwas. Es soll sogar Politiker geben, die den Unterschied von brutto und netto nicht kennen.

In den nahezu täglichen Fernseh-Talkshows, in denen „bis zum Erbrechen" (verzeihen Sie den heftigen Ausdruck) über soziale Missstände gelabert wird, erwecken alle Politiker den Anschein, ungerechte Besteuerung ändern zu wollen. Doch wenn diese Herrschaften dann anderntags wieder in ihrer Berliner Blase sitzen, ist alles schnell vergessen. Und jener Politiker, der einst gefordert hatte, die Steuererklärung so zu vereinfachen, dass sie auf einen Bierdeckel passe, hat sich schnell abgesetzt – in Richtung eines der größten Kapital-Vermehrers der Welt, um dann wieder wie Phönix aus der Asche in Berlin aufzutauchen. Nur: Von der Bierdeckel-Steuererklärung hat man nie mehr etwas gehört. Vermutlich hat er bei seinem zwischenzeitlichen Job erfahren, dass es Sinn machen könnte, mit undurchsichtigen Formularen ein paar Nebelkerzen zu werfen.

Sowohl auf der einen, als auch auf der anderen Seite.

Und wer seinen Job verliert und rausfliegt, wird in eine Transfergesellschaft vermittelt. Auch super. Ein ahnungsloser Journalist hat kürzlich gejubelt, dass die „Freigestellten" nun in der Transfergesellschaft „weiterarbeiten" würden. Ja, was jetzt? Dazu muss man wissen: Obwohl die Betroffenen einen neuen Arbeitsvertrag haben, haben sie nicht wirklich eine Arbeit. Die Gesellschaft ist lediglich für Qualifizierungsmaßnahmen und Weiterschulungen zuständig – verbunden mit der Hoffnung, die Leute irgendwo anders hin vermitteln zu können. Vorteile: Sie erhalten Transferkurzarbeitergeld, die Beiträge zur Sozialversicherung werden bezahlt und sie sind nicht wirklich arbeitslos – was sich bei Bewerbungen möglicherweise günstig auswirkt.

Bei allem Positiven möchte ich nur mal zu bedenken geben, welch schöne Worte seit geraumer Zeit Negatives kaschieren sollen. Ich hab das Wort „Freigestellte" soeben erwähnt. Gemeint sind natürlich rausgeworfene Arbeitnehmer. Also Arbeitslose. Aber „Freistellung" klingt viel harmloser. Wer möchte nicht schon mal „frei" sein.

Oder noch ein Beispiel: So hat man aus dem verkrusteten und verstaubten „Arbeitsamt" die „Agentur für Arbeit" gemacht. Klingt gut. Irgendwie nach Agenten, die schier Unmögliches möglich machen. Und dazu gibt es noch ein „Jobcenter", dessen Name

suggeriert, man könne sich da mal schnell im Vorbei-
gehen, sozusagen „to go", einen Job besorgen.
Die Bundesregierung hat sogar ein Gesetz erlassen,
das in seiner Bezeichnung das Prädikat „Gut" enthält. Genial. Als ob es von der Stiftung Warentest,
vom TÜV oder vom ADAC für „gut" befunden worden
wäre. Keine Satire. 2019 hat die damalige Familien-
ministerin Franziska Giffey das „Gute-Kita-Gesetz"
auf den Weg gebracht, womit Kitas finanziell gefördert wurden. Genauso gut hätte Verkehrsminister
Markus Scheuer die verkorkste Änderung der Stra-
ßenverkehrsordnung als „Die Gute Straßenverkehrs-
ordnung" einführen können.
Ähnlich grotesk, wenn nicht gar makaber, sind Meldungen über Kriege. Da gibt es selten Tote oder Er-
schossene, sondern nur verharmlosend „Gefallene."
Und „Luftschläge" sind nicht etwa „Luftnummern",
sondern blutige Bomben- oder Raketenangriffe.
Erstaunlich, wie wir uns ständig Sand in die Augen
streuen lassen.
Aber wer meint, mit politisch angeordneter Gender-
Sprache (Sternchen, Strich und Doppelpunkt) die
Gleichberechtigung der Frau erreichen zu können,
der glaubt auch, die Welt mit Nebelkerzen und
Schönreden verbessern zu können.
Und wie sieht das im Sport aus? Darf denn beim
Frauenfuß- oder -handball von einer „Mannschaft"
gesprochen werden? Oder ist das eine „Mann*innen-
schaft"? Oder, besser, eine „Frauschaft"?
Beim Begriff „Mannschaft" wird doch auf einleuch-
tende Weise klar, dass mit diesem generischen Mas-

kulinum ein sowohl männliches als auch weibliches
Team gemeint ist. Oder?

10
Böses Wort vom Populismus

Ich bin davon überzeugt: Allein mit schönen Worten
lässt sich die Welt nicht verändern – nur vielleicht
eine Wahl gewinnen. Vorausgesetzt, die Kandidaten
und Parteien halten, was sie versprechen. Auch
Schlagworte sind kaum hilfreich, nur weil sie gerade
populär sind. Wobei ich beim bösen Wort populär
wäre. Oder besser ausgedrückt: beim üblen Populis-
mus. Ein Wort, das inzwischen derart inflationär
benutzt wird, dass kein Mensch mehr weiß, was tatsächlich gemeint ist. Mittlerweile scheint es so zu
sein, dass jeder, der keine mainstream-konforme
Meinung hat, als „populistisch" abgetan wird. Sucht
man bei Google die Bedeutung, stößt man auf folgende Erklärung: „In der politischen Debatte ist Popu-
lismus oder populistisch ein häufiger Vorwurf, den
sich Vertreter unterschiedlicher Denkrichtungen
gegenseitig machen, wenn sie die Aussagen und Forderungen der anderen Seite für populär, aber unrea-
listisch oder nachteilig halten." Um es laienhaft zu
formulieren: Eine andere Meinung soll damit weggewischt werden. Vor allem die Meinung jener, die „von

nichts eine Ahnung haben", weil sie „das große Ganze" ohnehin nicht kapieren.

Schönreden und Besserwisserei führen weder zu Frieden noch zu dem, was die Schöpfung wirklich braucht – nämlich eine kluge Zukunftsplanung, die zu keiner ideologischen Seite hin politisch verbrämt ist. Es mag ja toll (und populistisch) klingen, wenn man sagt, man müsse „im Kleinen" anfangen, um beispielsweise das Klima zu retten. Aber erstens kann man das Klima nicht von heute auf morgen ändern, und zweitens wird es dem Klima wohl kaum dienlich sein, wenn in Stuttgart die Diesel-Autos verdammt werden, während in südostasiatischen Großstädten der Verkehr tobt oder die bei uns ausrangierten alten „Karren" unmittelbar vor unserer Haustür – in Südosteuropa – noch jahrelang die Luft verpesten dürfen. Aber das ist ja nicht bei uns, sondern in einer anderen Luft, die „selbstverständlich" an der Grenze Halt macht.

Jeder vernünftig nachdenkende Mensch muss erkennen: Die Schöpfung zu erhalten, ist ein globales Thema. Allerdings eignet es sich wunderbar für einzelne Akteure, sich (populistisch) mit Aufsehen erregenden Aktionen im Rampenlicht in Szene zu setzen. Besonders anfällig dafür scheinen – bei allem Respekt für mutiges Auftreten – Kinder und Jugendliche zu sein.

Im Großen gelingt es aber nur schwer oder gar nicht, rigoros Umweltzerstörendes zu verbieten oder einzudämmen. Meist dauert es Jahre, bis jedwede von Politikern vollmundig angekündigten Änderungen tatsächlich etwas bewirken – wie etwa das Verbot des sinnlosen Tötens männlicher Küken. Oder das tierverachtende qualvolle Töten von Schweinen und Rindern. Aber dem Profit wird Anstand, Würde und Bewahrung der Schöpfung geopfert.

Dass inzwischen kaum noch Insekten durch die Luft schwirren, hat jeder bemerkt – aber anstatt rigoros die Pestizide zu verbieten, wird ideologisch „rumgeeiert". Bei allem Verständnis für die Lobbygruppen darf doch nicht allein der Profit in der Landwirtschaft im Vordergrund stehen. Oberste Priorität muss bei allem die Schöpfung haben. Wie sehr die Insekten fehlen, kann jeder selbst feststellen: Wer bei Nacht mit dem Auto unterwegs war, musste noch bis vor wenigen Jahren unzählige Insekten von Scheinwerfern und Windschutzscheibe kratzen. Insekten mögen lästig sein, stechen und die Grillparty stören – aber sie sind wichtiger Bestandteil im sensiblen Gefüge der Natur. Sie bestäuben Pflanzen und sind Futter für Vögel.

Im Sommer 2021, in dem ich diese Worte schreibe, habe ich keinen einzigen Maikäfer und keinen Junikäfer gesehen. Und wenn ich spätabends draußen im Garten sitze, flirren so gut wie keine Insekten um die Lampe. Vor einigen Jahren hätte man sich vor ihnen kaum retten können.

Wer auf schnelles politisches Handeln hofft, wird immer wieder aufs Neue enttäuscht – und zwar von jeglicher ideologischen Richtung. Da werden oftmals mit irgendwelchen Reizthemen Ablenkungsmanöver gestartet, die dann als besonders sensationelle Errungenschaften gefeiert werden. Mit Beschlüssen, die innerhalb einer einzigen Woche möglich waren. Erinnert sei nur an einen solchen Beschluss, als im Bundestag sogar Sektkorken knallten und Konfetti geworfen wurde.

11
Sündhafter Geländeverbrauch

Klimaschutz ist das große Schlagwort. Vor 25 Jahren war es das Waldsterben. Und irgendwann die Ozon-Belastung im Sommer, als an die Autos irgendwelche braune Aufkleber geheftet werden mussten. Alles vergessen?
Nein, der Klimaschutz darf nicht verniedlicht werden. Nur wenn inzwischen jeder Kindergarten anfängt, mit irgendwelchen Banalitäten das Klima schützen zu wollen, dann mag das zwar zur Erziehung der Kinder dienlich sein, nicht aber für das große Ganze. Mag auch sein, dass persönliche Meinungen von Erziehern, Lehrern und Professoren durchaus Einfluss auf die Haltung mancher Jugendlichen haben, die bisweilen nur auf einen einzigen Aspekt fokussiert sind und mit ihren Forderungen übers Ziel hinausschießen. Die Forderung, das Wahlalter auf 16 Jahre zu senken, mag vor diesem Hintergrund zum Nachdenken verleiten.

Aber den jungen Leuten muss eine gewisse Ungeduld zugestanden werden, zumal sie zweifelsohne bemerken, wie zäh und schwerfällig politische Entscheidungen heutzutage herbeizuführen sind und wie sehr manches im Parteiengezänk untergeht.

Wenn man schon „im Kleinen" etwas bewegen möchte, wäre es aber dringend geboten, sich in der Kommune für Projekte zu interessieren, die weitreichende Folgen haben. Das ist nicht unbedingt nur das Verbot von Plastikbechern, sondern beispielsweise die Ablehnung eines immer weiter ausufernden Geländeverbrauchs. Mit dem Argument, Arbeitsplätze zu schaffen und Gewerbesteuer einzunehmen, kann inzwischen so ziemlich jeder Bürgermeister im Lande seinem kommunalem Gremium einreden, wie wichtig es sei, neue Gewerbegebiet zu erschließen. Auch wenn es in den Nachbarorten oder in wenigen Kilometern Entfernung bereits welche gibt. Meist entstehen dann diese gigantischen Hochregallager, mit denen der Geländeverbrauch im umgekehrten Verhältnis zur Anzahl der angeblich geschaffenen Arbeitsplätze steht. Allein in Deutschland, so hat der bekannte Wissenschaftler Harald Lesch einmal in einer Fernsehsendung vorgerechnet, würden pro Jahr rund 150 Quadratkilometer Land versiegelt, sprich: zubetoniert. „Ein wertvoller Bodenschatz", so Lesch. Wenn ich allein an „meine" schöne Schwäbische Alb denke: Wo vor noch gar nicht so langer Zeit von Horizont zu Horizont Getreidefelder zu sehen waren, fressen sich überall Bagger und Planierraupen in die Landschaft. Irgendwo fällt der

Blick immer auf neue Gewerbegebiete, auf Biogas-Anlagen oder riesige Schweine- oder Hühnerställe. Und aus den Weizen-, Gersten - oder Kartoffelfeldern sind Rapsfelder geworden. Zu bestimmten Zeiten, Mitte Mai bis Anfang Juni, scheint halb Deutschland strahlend gelb zu sein – von blühendem Raps, der als Energiepflanze offenbar lukrativer ist als das Getreide für unser täglich Brot.

Allein der Alb-Donau-Kreis (Ulms Umland) hat laut einem Bericht der Ulmer Südwest Presse innerhalb von 15 Jahren insgesamt 1.662 Hektar Land verbraucht. Das sind 2.374 Fußballfelder. Um die Größenordnung zu verstehen, war in dem Artikel folgende Berechnung erwähnt worden: Jedes einzelne Fußballfeld ist im internationalen Standard 105 Meter lang und 68 Meter breit. Würde man sie der Länge noch aneinander reihen, wär dies ein 68 Meter breites Landschaftsband von Ulm bis hinter Frankfurt. Ja, ich weiß, jetzt werden gleich die erbitterten Gegner von Windkraftanlagen zu bedenken geben, dass man diese nun in Wälder bauen und auf diese Weise Land verbrauchen wolle. Meine Meinung: Der Flächenverbrauch für eine Windkraftanlage ist erstens gering, und zweitens kann man sie eines Tages, falls sie nicht mehr gebraucht würden, auch wieder beseitigen – ohne Müll, der Jahrtausende lang strahlt. Unbestritten ist, dass nach derzeitigem Kenntnisstand Sonnen- und Windenergie dringend gebraucht werden.

Windkraftrotoren stören mich persönlich weitaus weniger als großflächig zubetonierte Gewerbegebiete, die eines Tages nur schwer zu renaturieren sein werden. Der fantasievolle Traum eines manchen Kommunalpolitikers, mit erschlossenem Baugelände so saubere Branchen wie die von Apple oder Microsoft ansiedeln zu können, ist natürlich reine Science Fiction. Nicht überall kommt ein Elon Musk daher und stampft mal schnell — offenbar ohne große Rücksicht auf die schwerfällige deutsche Bürokratie — eine Autofabrik aus dem Boden. Wobei natürlich ziemlich fragwürdig ist, ob dafür ein ganzer Wald gerodet werden musste und ob es nicht anderweitige Standorte gegeben hätte, die bereits mit Industrie-Brachen verhunzt sind.

12
Übers Geld wird der Kleine gegängelt

Sich einmischen und engagieren, ohne gleich utopische Forderungen zu erheben — das ist es, was die Schöpfung braucht. Es bedarf zielorientierter Maßnahmen, die von den Menschen verstanden und akzeptiert werden. Bislang aber werden vollmundig Absichtserklärungen zu Papier gebracht, später wieder verworfen oder die Fristen, bis zu denen man etwas erledigt haben wollte, großzügig verschoben. Oder es treten Minderheiten in Erscheinung, die nur ihr eigenes Süppchen kochen wollen. Und wenn etwas

zuwege gebracht wird, um überhaupt etwas vorweisen zu können, dann sind es meist die üblichen, ideenlosen, alt bekannten Maßnahmen: übers Geld sei der dumme Bürger am ehesten zu etwas zu bewegen. Das funktioniert dann am Beispiel des Autofahrens so: Um Energieverbrauch und damit Schadstoffausstoß zu reduzieren, erhöht man den Benzinpreis. Oder um das Beispiel von Öko-Fleisch und Tierwohl zu nennen: Man würde gerne die Preise für Fleisch erhöhen, um die Bürger zu weniger Fleischverzehr zu nötigen. Wenn ich derlei Vorschläge höre – insbesondere aus dem Kreise derer, die von sich behaupten, besonders sozial zu sein –, dann frage ich mich, in welch abgehobenen Sphären die „Erfinder" derlei Ideen leben, unter denen doch ausschließlich die weniger betuchten Menschen zu leiden hätten. Wer genug Geld hat, dem ist es völlig egal, wie teuer das Benzin ist oder ob der Fleischpreis steigt. Getroffen werden nur jene, die schon jetzt wenig fahren, weil das Geld kaum für die nächste Tankfüllung reicht. Und Fleisch, das sie schon jetzt nicht jeden Tag auf dem Speiseplan haben, wird dann bei ihnen daheim noch seltener auf den Tisch kommen.
Ich frage mich, wie lange diese „Spielchen" noch weitergehen. Leider aber vergisst der „dumme Bürger" sehr schnell, was mit ihm geschieht. Wissen Sie's noch? Anno 1999 hat die damalige rot-grüne Koalition die sogenannte Ökosteuer auf Benzin eingeführt – angeblich als wirksames Instrument zum Schutz für Natur und Umwelt. Eine sensationelle

Idee unter dem Deckmantel des Umweltschutzes. Man hatte die Spritpreiserhöhung dem Bürger damit schmackhaft gemacht, dass auf diese Weise der Autoverkehr eingedämmt werde. Außerdem wurde versichert, die eingenommenen Steuergelder würden der Rentenkasse zugutekommen. Kein Witz, sondern eine geniale Argumentation, die einigen Politiker – so vermute ich – in geselliger Runde eingefallen ist, als sie spontan eine Theater-Satire auf die Einführung einer Steuer aufgeführt haben. Heute wissen wir zweierlei: Der Autoverkehr hat erstens eher zuge-nommen, und die Rentenkasse hat zweitens wohl nicht sehr stark davon profitiert. Überhaupt war die ganze Aktion ja ziemlich schizophren: Man wollte einerseits mit teurem Benzin das Autofahren ein-dämmen, andererseits war man voll der Hoffnung, die Rentenkasse sanieren zu können. Eigentlich hätte man Plakate aufhängen müssen mit dem großformati-gen Text: „Autofahren für die Rente!"

Was ich damit sagen will: man doktert nur an Maß-nahmen herum, denen der Umweltschutz als Alibi dient. An wirklich umwälzende Änderungen wagt sich niemand heran. Und zwar nicht mal ansatzweise. Die Schöpfung kann ja warten.

Wen interessiert es schon, dass tagtäglich auf den Autobahnen landauf, landab Lkw-Kolonnen rollen? Zwar blasen moderne Brummis längst nicht mehr so viel Abgase in die Luft wie früher. Aber die gewalti-ge Anzahl der Lastzüge, die oft eine ganze Fahrspur für sich allein in Anspruch nehmen, dürfte die Ab-

gasmenge früherer Zeiten wieder erreicht haben.
Und wenn Lastzüge kilometerweit im Stau stehen,
weil das Straßennetz diesem Ansturm gar nicht
mehr gewachsen ist, dann laufen die Motoren unablässig weiter. Im Gegensatz zu heutigen Pkws, die
eine Start-Stopp-Automatik haben (der Motor sich
also beim Anhalten ausschaltet), müssen die Lkw-
Motoren weiter laufen – wegen ihrer Druckluft-
bremssysteme und sowieso bei Kühltransportern.
Ja, natürlich, die ganze Wirtschaft braucht diesen
Verkehr. Supermärkte wollen versorgt sein – und die
Industrie muss im Rhythmus ihrer Produktion mit
Teilen beliefert werden, weil die Lagerhaltung quasi
auf die Straße verlegt wurde.
Und dass Lebensmittel und Produktionsteile quer
durch Europa kutschiert werden, um in Billiglohnländern bearbeitet, verpackt oder veredelt zu werden,
ist ja auch kein Geheimnis mehr. Dazu Kartoffeln
aus Ägypten oder der Türkei, Früchte aus Indien.
Wer's lange Zeit nicht für möglich gehalten hat, wie
sehr wir auf das Ausland angewiesen sind, hat es
spätestens während der Corona-Krise bemerkt, als
die Handelswege unterbrochen waren. Oder als Anfang 2021 im Suezkanal ein Containerschiff hängen
geblieben war. Plötzlich klagte die Automobilindustrie über fehlende Elektronikteile, die nicht mehr
rechtzeitig aus Südostasien angeliefert wurden.
Ford beispielsweise konnte monatelang bestimmte
Fahrzeugtypen nicht liefern, sodass sich die mit der
Kundschaft vereinbarte Lieferfrist um zwei, drei

Monate verzögerte und deshalb Ersatzfahrzeuge zur Verfügung gestellt werden mussten (war wohl auch bei anderen Herstellern so).

Das große Grausen kann einen überkommen, wenn man bedenkt, dass auch lebenswichtige Medikamente im Ausland produziert werden – insbesondere in Indien. Wir haben uns auf unglaublich dümmliche Weise vom Ausland abhängig gemacht. Natürlich nur des Profits und der Gier wegen. Inzwischen bestehen bei vielen Medikamenten Lieferengpässe von mehreren Monaten; andere werden aus „wirtschaftlichen Gründen" kurzerhand gar nicht mehr produziert. Ein Schilddrüsen-Mittel, das betroffene Patienten täglich einnehmen müssen, ist 2021 urplötzlich vom Markt verschwunden. Schneller Ersatz? Fehlanzeige. Der Hausarzt durfte kein anderes Präparat verschreiben, bevor sich die Patienten nicht einer neuerlichen fachärztlichen Untersuchung unterzogen hatten. Doch so ein Termin ist nicht von heute auf morgen nicht so einfach zu kriegen.

Vielleicht freilich ist es trotz aller Misere bei den Pharma-Produkten ein Glück, dass die Weltwirtschaft so ineinander verflochten ist und wir auf diese Weise von kriegerischen Auseinandersetzungen verschont bleiben. Denn wer von den Wirtschaftsmächten auch einen anderen „angreifen" würde, könnte davon ausgehen, dass seine eigene Wirtschaft sehr schnell zusammenbrechen würde. Insofern mutet manches in der Weltpolitik seltsam an. Da beziehen wir zuhauf Gas aus Russland (bauen sogar noch eine Pipeline durch die Ostsee), liegen aber mit dessen Staatspräsident wegen Menschenrechtsverletzungen und der Krim-Annektierung im Clinch. Wir verabscheuen die politische Unterdrückung in China, fädeln aber immer neue Geschäfte zwischen deutschen und chinesischen Unternehmen ein. Gier kennt halt keine Grenzen. Und sie versaut den Charakter.

In den Konzernen (aber wohl nicht nur bei denen) verliert man bisweilen jeglichen Respekt vor der Schöpfung — sprich: den Ressourcen und der Umwelt. So soll es vorgekommen sein, dass sich bei der Entscheidung, ob man ein größeres Teil von einem zuverlässigen europäischen Anbieter beziehen solle oder von einem wesentlich günstigeren in China, die Manager-Riege (also jene, die sich neuerdings CEO nennen) für die Lösung mit Südostasien entschieden haben. Bedenken, das Teil könne minderer Qualität sein, wurden mit dem Hinweis weggewischt: selbst wenn man zwei gelieferte Produkte wegwerfen und sich ein drittes aus China kommen lassen müsse, sei dies immer noch günstiger als eines aus dem europäischen Markt.

Wer so denkt, hat den Blick auf die Schöpfung verloren.

Leider, so meine absolute Überzeugung, sitzen in den Unternehmen nicht wenige Manager von dieser Sorte. Und sie werden jetzt argumentieren, sie seien gegenüber ihren Aktionären und Eignern verpflichtet, möglichst viel Gewinn zu erzielen.

Stimmt. Und genau das ist der Fehler im System. Profit vor Umwelt und vor Menschlichkeit.

Da können durchaus Zweifel an vielem aufkommen. Wie etwa, wenn am Stammtisch geargwöhnt wird, die Lieferschwierigkeiten in der Automobilindustrie könnten gar nicht auf fehlende elektronische Teile zurückzuführen, sondern nur vorgetäuscht sein, um die Arbeitnehmer in Kurzarbeit zu schicken und deren Kurzarbeitergeld vom Staat bezahlen zu lassen. Sogar Kleinunternehmer sollen auf diese Weise „Subventionen" erschlichen haben: Einerseits wurde Kurzarbeit propagiert, andererseits mussten die Mitarbeiter trotzdem Überstunden machen. Verzeihung – ist sicher nur Stammtischgeschwätz. So was tut doch hierzulande niemand.

Wenn ich über alles so nachdenke, was man hört, überlege ich mir, ob verantwortliche CEOs auch so etwas wie Anton und Berta kennen. Ob sie auch an etwas glauben. So, wie jene Bänker die ich in Hongkong gesehen habe. Falls diese Manager tatsächlich an etwas glauben, falls sie nicht dem tristen Materialismus verfallen sind und nur dem Geld huldigen, dann widerspricht ihr berufliches Handeln ihrer innersten Überzeugung. Manchen halte ich sogar zugute, dass sie nur im Büro den „harten unnachgiebigen Knochen" spielen und in Wirklichkeit ein ganz anderer Mensch sind. Doch wie chaotisch muss es in solchen Menschen aussehen? Ein Wechselbad der Gefühle – und bei der täglichen Fahrt zur Arbeit die Verwandlung zu einer Bestie. Die tägliche Verwandlung auf dem Weg von daheim ins Büro, wo Mitarbeiter gegängelt werden und man das eigene Ego pflegen lässt. Nicht selten auch Unkenntnis, Schwäche und Unfähigkeit durch Arroganz und Machtbesessenheit übertüncht. Machtkämpfe am Schreibtisch, von Büro zu Büro. Auch ich „durfte" solche Leute während meines aktiven Berufslebens kennenlernen und weiß, dass es sie nicht nur in Romanen gibt ...

13
Keine Zensur - aber...

Mir ist eines klar: Reflexartig werde ich jetzt in eine politisch extreme Ecke gestellt. Das geschieht immer – und zwar ganz nach Belieben, in welche Richtung meine Meinung geht. Ich kenne dies aus meiner Erfahrung mit den sozialen Netzwerken. Dort kann man mit ganz kleinen Bemerkungen einen Shitstorm auslösen, der in böswilligen Unterstellungen, bisweilen sogar in Drohungen mündet. Es scheint so, dass im Netz ganze Kompanien von Parteisoldaten nur darauf lauern, zuschlagen zu können. Denn eine andere Meinung zu haben, gilt als feindlich. Ich werde deshalb immer wieder im Freundeskreis gefragt, ob ich es für möglich halte, dass in Deutschland eine Zensur stattfindet. Meine klare Antwort aus vollster Überzeugung: Nein, es gibt keine Zensur.
Nicht in dem Sinne, wie man dies von totalitären

Staaten her kennt. Dass also der Staatspräsident die Linie für die Medien vorgibt – oder dass gar eine Behörde oder ein Ministerium Befehle verschickt. So nicht. Aber es gibt natürlich in Firmen, Behörden und Verwaltungen zunehmend Pressestellen, in denen Leute sitzen, die für die Öffentlichkeitsarbeit zuständig sind, meist ohne jemals als Journalisten gearbeitet zu haben. Sie sind dazu da, Verlautbarungen im Sinne ihres Chefs zu verfassen: geschönt und geschmeidig, geschickt das Kritische verschweigend. Keine Frage, das ist ihr Job.

Nur wenn diese Mitteilungen unredigiert, sozusagen Wort für Wort, von unkritischen und gehetzten, bisweilen auch ahnungslosen Journalisten in die Medien gelangen, dann wird es bedenklich. Dann tauchen Werbetexte und Jubelartikel über Behörden und Unternehmen im redaktionellen Teil auf und machen dem Laien glaubhaft, es sei ein journalistischer Beitrag. In Zeiten, in denen Medien teilweise Kurzarbeit angemeldet haben (was in Corona-Zeiten mangels Anzeigenaufkommen losging), sind die personell geschwächten Redaktionen bisweilen sogar froh, mit solchen Texten ihre Zeitungsspalten füllen zu können. Am augenscheinlichsten wird dies, wenn bürokratische Formulierungen stehen bleiben und der Artikel gleich mit einer „Jubel-Arie" auf einen Amtsleiter, eine Behörde oder ein bestimmtes Produkt beginnt. Manchmal muss man sich dann über die ersten Absätze quälen, bis man zum eigentlichen Thema gelangt. Ganz schlimm empfinde ich es als ehemaliger Polizei- und Gerichtsreporter, dass sehr häufig der bürokratisch und umständlich formulierte tägliche Polizeibericht unbearbeitet in der Zeitung landet. Zu erkennen daran, dass man als Leser nicht begreift, wer wen nun verprügelt hat oder wie es zu einem schweren Unfall gekommen ist. Man darf den Schreibern bei den Polizeidienststellen keinen Vorwurf machen: Sie haben den Job eines Journalisten nicht gelernt. Sie sind Polizeibeamte, die halt durch einen glücklichen (oder unglücklichen) Umstand zum Pressesprecher ernannt wurden. Aufgabe der hauptberuflichen Journalisten wäre es, nachzuhaken und den Sachverhalt für einen Laien verständlich darzustellen. Aber: Wer hat dazu heute, in Zeiten des atemlosen Online-Wahnsinns, noch Zeit?

Ich kann den Mitarbeitern von Pressestellen, egal ob in Behörden oder in Unternehmen, einen „heißen Tipp'" geben: Wenn Sie gut formulieren und kurze, prägnante Einleitungen für Ihre ebenso kurzen Texte schreiben können, haben Sie alle Chance, häufig in den Tageszeitungen präsent zu sein. Sogar Redakteure, die sich vielleicht noch ein bisschen die Mühe geben, Texte journalistisch zu „glätten", werden dann Ihre Mitteilungen nahezu unverändert übernehmen. Nie war die Zeit günstiger, versteckte Werbung zu platzieren.

Es gibt also keine Zensur. Allenfalls eine versteckte, weil vom Mediensystem selbst vorgenommen. Die Rede ist in diesem Zusammenhang vom sogenannten „Mainstream", der beinahe schon ein Schimpfwort ist, mit dem insbesondere die öffentlich-rechtlichen

Sender verunglimpft werden sollen. Was letztlich „Mainstream" ist, ist schwer greifbar. Ich will dies mal an einem Beispiel verdeutlichen: Wenn ein angesehener Feuilleton-Redakteur einer großen Tageszeitung, eines Nachrichtenmagazins oder einer TV-Kultursendung ein Kunstwerk bejubelt, für das sich die Begeisterung der Laien in engen Grenzen hält, wagt es kein anderer Journalist mehr, einen „Verriss" darüber zu schreiben. Schon gar nicht in einer Lokalzeitung. Wer als Künstler das Glück hat, einen mainstream-bildenden Journalisten für sich zu gewinnen, darf sich freuen. Es soll ja auch schon Maler gegeben haben, die ob der Ausführungen, die ein Redner zur Vernissage gehalten hat, selbst darüber gestaunt haben, was sie sich bei der Gestaltung ihres Bildes gedacht und hineininterpretiert haben. Mainstream ist das, was die Allgemeinheit für gut befindet – oder besser: nach Meinung der Medien für gut befinden muss. Dies entsteht in den Köpfen der Journalisten, die leider Gottes nicht mehr so häufig das tun, was man früher für diesen Job eingebläut bekam: unabhängig, sachlich und neutral berichten. Also Reportage und Bericht strikt und deutlich vom Kommentar zu trennen.

Inzwischen aber, so muss ich beklagen, beherrschen es die Autoren, Reporter und Moderatoren, ihre eigene Meinung geschickt „zwischen den Zeilen" einfließen zu lassen. Manche Formulierung lässt jedenfalls Zweifel an einer neutralen Berichterstattung aufkommen. Sieht man dazu dann noch im Fernsehen die Gesichter der Nachrichtensprecher oder Moderatoren, dann erkennt man, wie genial es manche verstehen, allein durch die Mimik zum Ausdruck zu bringen, was sie von diesem oder jenem politischen Thema halten.

Ich bin deshalb davon überzeugt, dass der Mainstream aus den persönlichen Meinungen und Empfindungen von Redaktionen gebildet wird.

So gesehen, findet die Zensur in den Köpfen statt. Die „Schere im Kopf", hat man früher in den Zeitungsredaktionen geunkt.

In den heutigen Zeiten, in denen die Visualisierung und die Klatschgeschichten an Bedeutung gewonnen haben, machen sich natürlich auch nette Gesichter und jugendlich wirkende Personen gut – ganz unabhängig vielleicht von ihren Ideologien und oftmals weltfremden Einstellungen.

Denn in den Redaktionen sitzen inzwischen viele jung-dynamische Nachwuchskräfte, die beliebterweise etwas studiert haben, das nicht unbedingt durch Bodenständigkeit getrübt ist. Die Zeiten, als Verlage noch weniger auf ein Super-Abi als auf eine absolvierte Lehre Wert gelegt haben, sind längst vorbei. Wer jedoch mal den Beruf eines Elektrikers, Erziehers oder Kaufmanns erlernt hat, blickt als Journalist ganz anders auf die Arbeitswelt. Wer jemals die Strukturen eines Betriebs von innen kennengelernt hat, wird sich nicht so ohne weiteres vom Schönreden eines autoritären patriarchalischen Firmenchefs einlullen lassen.

Der „böse" Mainstream hat sich meiner Ansicht nach in den letzten Jahren einfach so entwickelt – weil der Mut verloren gegangen ist, anders zu denken. Zwar ist der Begriff „Querdenker" neuerdings leider negativ besetzt, aber im guten Sinne bedarf es eben der Querdenker, ohne die keine einzige revolutionäre Erfindung jemals zustande gekommen wäre. Allzu leicht werden heute Menschen, die eine „andere" Meinung vertreten, abgekanzelt. Als Querulanten, als Dummschwätzer – also Stammtischschwätzer. Durch ihr gewaltsames Auftreten tragen jedoch viele von ihnen selbst dazu bei, in eine solche Ecke gestellt zu werden.

Man muss inzwischen aber auch auf der Hut sein, nichts für gut zu befinden, was möglicherweise angeblich politisch nicht korrekte Kreise ebenfalls für gut befinden. Grundsätzlich gilt nämlich: Was aus solchen Ecken kommt, ist immer falsch und verdammungswürdig. Im Klartext bedeutet dies, dass man sich als Autor schon einen eigenen Maulkorb umbindet, um nicht in den Verdacht zu geraten, für eine politische Richtung werben zu wollen, die nicht salonfähig erscheint. Aber warum muss etwas nur falsch und unanständig sein, bloß weil es dem Mainstream politisch nicht korrekt erscheint?

Jedenfalls finde ich, dass ein kleines Stück der Meinungsfreiheit verloren geht, wenn man sich sofort der Gefahr aussetzt, öffentlich „niedergemacht" zu werden. Warum soll man sich überlegen müssen, was man lieber nicht in der Öffentlichkeit sagt? Natürlich drohen, sofern man sich an die freiheitliche Grundordnung hält, hierzulande Gott sei Dank keine Strafen. Aber ins gesellschaftliche Abseits wird man allemal gestellt.

Wie sehr sich die Menschen nach kritischen Worten sehnen, musste ich in den vergangenen Jahren als Autor meiner Kriminalromane erfahren, in denen ich die Protagonisten gerne über soziale Missstände diskutieren lasse. Dazu habe ich unzählige positive Stimmen erhalten. Nicht verschwiegen sei aber, dass mir einige sogar unterstellt haben, bei meinen meist satirisch angehauchten Krimi-Abenden „Wahlkampf" zu machen.

Ich kann nur sagen: Denken Sie bei allem, was Sie lesen, hören und sehen immer mit, mischen Sie sich mutig ein und lassen Sie sich nicht mundtot machen. Und haben Sie keine falsche Scheu vor dem Gebrauch von so „politisch unkorrekten" Bezeichnungen wie „Deutschland", „Heimat", „Vaterlandsliebe" oder „Patriotismus". Auch wenn man deretwegen gleich als „rechtspopulistisch" abgetan wird, so finde ich, dass man trotz aller Kritik ein bisschen stolz sein kann, in diesem unserem Lande zu leben und es als unsere Heimat zu bezeichnen. Das schließt nicht aus, dass wir gerne Fremde in unserem Land aufnehmen wollen – vorausgesetzt, sie halten sich an Recht und Gesetz, wie dies eigentlich üblich sein müsste, wenn man als Gast aufgenommen wird. Ich kann nicht erkennen, was da rechtspopulistisch sein soll. Schließlich ist es doch, soweit ich dies überblicke, auf der ganzen Welt verboten zu stehlen, zu prügeln, zu räubern, zu vergewaltigen und zu morden.

14
Theologische Verrenkungen an Weihnachten

Die Sorge, mit allzu deutlichen Worten anzuecken, ist leider inzwischen weit verbreitet. Gerne erinnert man sich deshalb an die Zeit der politischen Wende, als sich in der DDR die Kirchenmänner (und natürlich -frauen) mutig und tapfer in das gesellschaftliche Leben eingemischt haben. Stichwort: Montagsgebete. Dass Kirche und Staat zweierlei Paar Stiefel sind, ist klar, aber wäre es nicht Aufgabe der Kirche, sich viel stärker für soziale Gerechtigkeit und vor allem für die Bewahrung der Schöpfung einzusetzen? Zwei zentrale Themenbereiche, die meiner Ansicht nach in heutiger Zeit bei den Kirchen viel zu kurz kommen. Die Menschen wollen nicht mit theologisch komplizierten Predigten überzogen werden, deren tieferen Sinn nur versteht, wer einige Semester Theologie studiert hat. Die Bibel spricht zwar in Bildern, mit denen die Menschen früherer Zeiten an den Inhalt herangeführt werden sollten. Aber heute bedarf es anderer Bilder – oder besser: einer klaren Sprache. Allein schon Text und Musik vieler Kirchenlieder, die teilweise noch aus längst vergangenen Jahrhunderten stammen, tragen nicht gerade zur seelischen Erbauung bei. Vielen Pfarrern fehlt es vermutlich weniger am Talent, eine mitreißende Predigt zu schreiben, als vielmehr an der Zeit. Wenn ein Theologe mehrere Gemeinden versorgen muss, hetzt er von einer Veranstaltung zur anderen (hier Schule, dort Beerdigung oder Hochzeit) und gibt den Menschen nicht das Gefühl, „ihr" örtlicher Pfarrer zu sein. Nein, ich sehne nicht jene Zeiten herbei, als Pfarrer, Lehrer und Bürgermeister noch die „Alleinherrscher" im Dorf waren. Aber ich würde mir wünschen, dass die Kirchen verstärkt Themen aufgreifen, die die Menschen bewegen. Aber das gelingt oft sogar an Weihnachten nicht, wenn die Kirchen rappelvoll sind und die Pfarrer die Chance hätten, für sich „Werbung" zu machen. Also zu zeigen, wie bürgernah sie sein können. Stattdessen erinnere ich mich mit Grausen an die Predigt eines evangelischen Heilig-Abend-Gottesdienstes, in der mit allerlei theologischen Verrenkungen die Zuhörer eingeschläfert wurden – als säße man ahnungslos in einer theologischen Universitätsvorlesung. Am Schluss habe ich mich gefragt: Was hat uns der Pfarrer eigentlich sagen wollen? Jetzt wäre die Gelegenheit gewesen, die vielen Zuhörer – der überwiegende Teil wohl nur des Heiligen Abends wegen hier – für weitere Gottesdienste zu begeistern.

Aber wenn sich die Menschen nicht angenommen, nicht „abgeholt" fühlen, wenden sie der Kirche den Rücken und treten scharenweise aus. Ganz sicher nicht aus Gottlosigkeit, sondern aus Frust, weil sie sich einen Pfarrer wünschen, der ihnen Halt gibt –

und der sie aus (verständlichem) Zeitmangel nicht nur mit hohlen Worten sozusagen geschäftsmäßig tröstet. Vielleicht würde es sich lohnen, einmal darüber nachzudenken, verstärkt engagierte Laien als Prediger zu gewinnen. Natürlich dürfte dies dann nicht in eine politische Wahlkampfrede ausarten. Der emeritierte Papst Benedikt XVI. ging jüngst mit den Amtsträgern der katholischen Kirche ins Gericht: „Solange nur das Amt, aber nicht das Herz und der Geist sprechen, solange wird der Auszug aus der Welt des Glaubens anhalten." Er erwarte „ein wirkliches persönliches Glaubenszeugnis von den Sprechern der Kirche". So wird er von der Deutschen Presseagentur aus einer Antwort auf Fragen der Herder Korrespondenz (katholische Zeitschrift mit ökumenischer Orientierung) zitiert.

Kirchen üben auf viele Menschen trotz allem eine gewisse Anziehungskraft aus — meist unabhängig davon, was und ob man glaubt. Kirchen, sogar ganz kleine auf dem Dorf, haben etwas Majestätisches, etwas, das zumindest den Gedanken an etwas weckt, das außerhalb jeder Wahrnehmung liegt. Kirchen sind ein Hort der Ruhe und Geborgenheit. Gehen Sie mal durch eine Straßenschlucht in Manhattan und entdecken Sie ein kleines Gotteshaus, das eingezwängt zwischen den Hochhaus-Riesen steht. Kaum haben Sie die Kirche betreten und die Tür hinter sich geschlossen, fühlen Sie sich augenblicklich in eine andere Welt versetzt. Nicht nur der allen innewohnende besondere Geruch — nach kaltem Weihrauch oder nach Räucherstäbchen – ist es, der Sie aus der Alltagshektik reißt, sondern die besondere Atmosphäre, die alles vergessen lässt, was draußen tobt.

Kirchen sind Gebäude, die von guten Gedanken, von Hoffnung und Wünschen in unerklärliche Schwingungen versetzt wurden. Schon die Altvorderen, die Kelten oder andere Volksstämme, haben Orte gesucht oder geschaffen, an denen sie sich von wundersamen Kräften umgeben fühlten. Ohne jetzt esoterisch zu werden, so scheint es doch positive Schwingungen zu geben, die entweder ortsgebunden sind oder die man durch Gedanken und Gebete erst richtig erschaffen kann.

Wer freilich nur materiell denken kann, wird dies ebenso als Spinnerei abtun wie den Jahreskreis der Kirchen, der ihm allerdings immerhin einige Feiertage beschert. Aber wer kann schon auf Anhieb sagen, was es mit Fronleichnam, Karfreitag oder Allerheiligen auf sich hat? Wichtig ist zu Jahresbeginn ein schneller Blick auf den Kalender, um die „Brückentage" zwischen Feiertagen und Wochenenden ausfindig zu machen und an der Arbeitsstelle als Urlaubstag zu blockieren. So lassen sich schnell mal, vier oder fünf freie Tage zusammenbasteln.

Erstaunlich übrigens, dass die Zahl der gesetzlichen Feiertage in Deutschland je nach Bundesland variiert, und zwar zwischen zehn und zwölf. 19 gibt es insgesamt, aber nur neun sind bundeseinheitlich geregelt – und Gemeinden in Bayern mit meist katholischer Bevölkerung bringen es sogar auf 13. Schon wurden Forderungen laut, dies bundeseinheitlich zu regeln.. Man muss sich wundern: Gerade dort, wo es in Deutschland die meisten Feiertage gibt, weist die Wirtschaft ihre höchste Produktivität auf. Da wundert man sich schon ein bisschen, dass man 1995 (außer in Sachsen) den Buß- und Bettag abgeschafft hat – mit der Begründung, damit die Pflegeversicherung besser finanzieren zu können. Nichts als Augenwischerei, kann man wohl rückblickend sagen. Denn wenn Feiertage einen solch großen Einfluss auf die Wirtschaft hätten, müsste ja in Jahren, in denen so Feiertage wie Neujahr, Dreikönig, Einheitstag, Allerheiligen und Weihnachten auf ein Wochenende fallen, die Konjunktur einen deutlichen Aufschwung erleben. Oder, noch besser, im Umkehrschluss den Arbeitnehmern freie Ersatztage bescheren – wie dies übrigens in einigen Staaten tatsächlich gehandhabt wird.

Dass kirchliche Feiertage weithin nicht mehr als das genutzt werden, wozu sie einmal gedacht waren – nämlich zur inneren Einkehr beim Kirchgang –, das mag auch an den traditionellen Prozeduren liegen, die vielen Menschen nicht mehr in ein angebliches modernes Weltbild passen. Nein, ich möchte jetzt keinesfalls irgendwelchen „Events" das Wort reden – also Partys oder großen Freiluftveranstaltungen. Mancherorts wird ja versucht, die Feiertage mit Gemeindefesten zu verbinden, was sicherlich den Gemeinschaftssinn im Geiste des Religiösen stärkt.

Immerhin war es noch zu unserer Großväter Zeit durchaus Sitte, nach dem sonntäglichen Gottesdienstbesuch schnurstracks ins nächste Wirtshaus zum Frühschoppen zu gehen.

Die heutigen Generationen sind aufgerufen, neue Ideen zu entwickeln, mit denen die Kirchen wieder attraktiver gemacht und mehr in den Mittelpunkt der Gesellschaft gerückt werden könnten.

Vielleicht gibt es dazu eines Tages Impulse, die dem ersten Anschein nach unerklärlich sind.

15
„Unsere" Welt ist nicht überall so

Ja, der Menschheit fehlen momentan die Glücksmomente, die in der Vergangenheit einen plötzlichen Entwicklungsschub ausgelöst haben. Soweit wir heute wissen, war das Leben Jahrtausende lang eher eine Qual: eine ständige Suche nach Nahrung, die gewiss angeborene Verteidigung des eigenen Reviers (der Höhle vielleicht) und baldiger Tod durch Krankheit. Nur allmählich wurden Techniken erkannt — mit primitiven Werkzeugen etwa oder Waffen. Unendlich lange wünschten sich die Menschen, wie Vögel fliegen zu können. Doch das aerodynamische Prinzip, das dahinter steckt, wurde — aus unserer Sicht betrachtet — erst vor Kurzem entdeckt.

Während die Kräfte des Wassers mithilfe von Mühlrädern längst genutzt wurden, gab es Ende des 17. Jahrhunderts mit der Erfindung der Dampfmaschine wirklich revolutionäre Möglichkeiten. Krafterzeugung war nicht mehr stationär an einen Wasserlauf gebunden, sondern konnte an beliebigen Orten erfolgen.

Das war auch die Zeit, als das Naturphänomen der Elektrizität entdeckt wurde, bis zu deren breiter Nutzung es aber noch lange dauern sollte. Erst einige kluge Köpfe begannen, das dahinter steckende Potenzial zu erkennen – wie etwa der Amerikaner Thomas Alva Edison, der ab Mitte des 19. Jahrhunderts die Entwicklung vorantrieb.

Dann ging alles ziemlich rasant: Die erste Glühbirne brannte 1879. Schon 18 Jahre zuvor hatte der Physiklehrer Philipp Reis in Frankfurt einen Apparat vorgestellt, mit dem man Sprache mit Hilfe des elektrischen Stroms übertragen konnte. Er nannte das Ding „Telephon". Man bedenke: Von 1861 bis zum ersten Handy anno 1983 (ein Monsterding von Motorola) vergingen gerade mal 122 Jahre mit diversen kriegerischen Zerstörungen dazwischen.

Mit den Erfindungen im Zusammenhang mit der Elektrizität verbinde ich viele Namen. So war Alexander Graham Bell (1847 – 1922, britischer, später US-amerikanischer Erfinder und Großunternehmer) offenbar der erste Mensch, der aus der Erfindung des Telefons Kapital geschlagen hat, indem er Ideen seiner Vorgänger zur Marktreife weiterentwickelte (laut Wikipedia).

Nicht zu vergessen Nikola Tesla, ein 1856 in Kroatien geborener Physiker und Elektroingenieur, dessen Namen sich der US-Milliardär Elon Musk für die Elektro-Autos gesichert hat, für die er unter anderem in Brandenburg eine riesige Produktionsstätte gebaut hat. Nikola Tesla hatte sich auf dem Gebiet der Elektrotechnik Verdienste erworben, insbesondere bei der Energietechnik, wie der Entwicklung des Zweiphasenwechselstroms zur elektrischen Stromübertragung. Tesla erhielt laut Wikipedia in 26 Ländern über 280 Patente, davon 112 in den USA. In unserer heutigen Zeit, in der vieles, was wir zur Verfügung haben, so selbstverständlich erscheint, vergessen wir allzu oft, dass all diese Dinge sozusagen erst „vor Kurzem" geschehen sind – explosionsartig entstanden aus bahnbrechenden Erfindungen.

So hat Emil Berliner, ein in die USA ausgewanderter Deutscher, 1887 ein Patent auf einen „scheibenförmigen Tonträger" angemeldet, der Schwingungen in eine Rille ritzte, die über ein Abspielgerät hörbar gemacht werden konnten – über das sogenannte „Grammophon". Das war die Erfindung der Schallplatte, die in jüngster Vergangenheit zunächst von der CD und wenig später gleich von den „Downloads" aus Internet-Mediatheken abgelöst wurde.

Welche ungeahnten Möglichkeiten uns die Erfindung des IPhones durch das leider viel zu früh verstorbene Apple-Genie Steve Jobs heute bietet, wissen wir: aus dem Handy ist ziemlich schnell ein multifunktionaler Computer (neutral als „Smartphone" bezeichnet) geworden, den jeder mit sich herumtragen kann. Telefonieren ist da eher zu einem Nebenprodukt geworden. Wie es scheint, ist die Welt ohne die Online-Funktionen nicht mehr denkbar. Wer bei dieser Technologie den Anschluss verloren hat (nicht nur im Netz, sondern auch in der Realität), der ist inzwischen verloren. Online ist heute alles: der Ticketkauf für Bahnen, Bus und Konzerte, das Reservieren von Terminen in Sprechstunden und natürlich das Einkaufen. Aber auch die Kommunikation über die sozialen Netzwerke. Telefonieren ist out. Zurück zum Schreiben: WhatsApp, Instagram oder E-Mail. Sogar die SMS ist bereits Technik von gestern. Wenn die Entwicklung genauso schnell weitergeht, müsste die nächste umwälzende Erfindung schon vor der Tür stehen. Jetzt, da ich diese Zeilen Anfang Juni 2021 schreibe, kann ich nicht ahnen, was noch alles kommt. Vielleicht etwas, das genau so revolutionär wird wie das alltagstaugliche Handy, von dem man in den 80er-Jahren noch geträumt hat und dessen Funktionen man damals für nicht möglich gehalten hätte. Falls diesen Text jemand in den 70er-Jahren des 21. Jahrhunderts liest, sei ihm in diese Zukunft gesagt: Gerne würde ich wissen, welche Technologien ihr habt, ob ihr auf dem Mars gewesen seid und wie ihr über die vergangenen 50 Jahre denkt. Also über uns.

Ich erwähne dies, damit niemand – vor allem die Jüngeren – nicht dem Gedanken verfällt, die Welt, wie wir sie heute erleben, sei schon immer so gewesen. Das wäre ein fataler Irrtum. Die Welt war die meiste Zeit eine ganz andere – und die Menschen lebten in ärmlichen Verhältnissen, oft von der „Obrigkeit" gegängelt, ja sogar versklavt. Wobei sich dieses System – das sei hier kritisch angemerkt – leider in modifizierter Form verfeinert hat. Mit seriösem Anstrich. Denn: Ohne ordentlich bezahltem Job droht gesellschaftlicher Abstieg.

Nicht vergessen darf man, dass „unsere" Welt nicht überall so ist wie in den zivilisierten Ländern. Ein ganz großer Teil unserer Mitmenschen erlebt das Dasein auf diesem Planeten völlig anders. Allerdings kann sich dieser „große Teil" heutzutage übers nahezu global verbreitete Internet darüber informieren, wie es bei uns auf- und zugeht. Wie wir Ressourcen verschwenden, die Umwelt zerstören und keine Rücksicht auf die Armen nehmen, die wir sogar rücksichtslos ausbeuten, um unsere Gewinne immer weiter zu steigern. Diese Mitmenschen werden eines nicht fernen Tages auch davon profitieren wollen und irgendwann ihre Stimme erheben. Oder ihre Waffen. Der Frieden ist trügerisch.

16
Warum sind uns keine Räder gewachsen?

Wer oder was hat diesen gewaltigen Innovationsschub innerhalb weniger Jahrhunderte ausgelöst?

Natürlich wird man sagen, da habe eben eine Entdeckung und Erfindung auf die andere aufgebaut. Logisch. Die Dampfmaschine und die Elektrizität scheinen eine Art Initialzündung gewesen zu sein. In all den Jahrtausenden der Evolution hat es nur – wenn überhaupt – vergleichsweise kleine Schritte gegeben. Und dann, ganz plötzlich, geradezu Sensationelles. Um es im Stammtisch-Jargon zu sagen: Folgte man dem Evolution-Mainstream, sozusagen vom Urknall bis heute, dann hat sich die Entwicklung unglaublich beschleunigt. Wenn alles aber nur so allmählich, über Jahrmillionen hinweg entstanden ist, weil „die Natur" dieses und jenes probiert und „aussortiert" und stets Neues hat entwickeln lassen, dann stellen sich gleich mehrere Fragen: Ein Kriechtierchen kann noch so sehr den Wunsch gehabt haben, sich in die Lüfte erheben zu können – es wird deshalb keine Flügel bekommen haben. Wenn das so einfach wäre, hätte doch auch der Mensch sich Flügel wachsen lassen müssen, um den uralten Traum vom Fliegen realisieren zu können. Oder, noch „boshafter" gefragt, warum sind den Menschen dann nicht Räder gewachsen, wo er doch so gerne Auto fährt?

Womit wir beim Thema Auto wären. Auch das ist noch nicht wirklich alt. 1886 meldete Carl Benz sein Fahrzeug mit Gasmotorenbetrieb zum Patent an einem dreirädrigen Motorenwagen an. Im gleichen Jahr entwickelte der aus Schorndorf stammende Gottlieb Wilhelm Daimler mit Wilhelm Maybach den ersten „schnelllaufenden Ottomotor", den er in eine Kutsche einbaute – und erfand somit das erste vier- rädrige Automobil. Allerdings: Das Patent auf das Automobil hatte sich bereits Carl Benz gesichert. Was daraus wurde, erleben wir heute millionenfach auf den Straßen der ganzen Welt.

Aber wer weiß schon, warum die noblen Karossen, die als Nachfolger von Daimler und Benz den Automo- bilmarkt erobert haben, ausgerechnet einen spani- schen Mädchennamen tragen - nämlich „Mercedes"? Die Geschichte dahinter ist schnell erzählt: Daim- lers Mitstreiter Wilhelm Maybach hatte für seinen Kompagnon einen Rennwagen gebaut, doch durfte dieser nicht unter „Daimler" angeboten werden, weil unter diesem Markennamen die Lizenz für Motoren bereits an ausländische Firmen verkauft worden war. Ein österreichischer Diplomat namens Emil Jellinek, der in Nizza Daimler-Autos an gut betuchte Kunden verkaufte, hatte die glorreiche Idee, sozusagen aus Marketing-Gründen selbst an einem Rennen teilzu- nehmen. Er fuhr jedoch unter dem Pseudonym „Mon- sieur Mercedes". Hinter „Mercedes" verbarg sich der Kosenamen seiner Tochter Adrienne Manuela Ramona Jellinek. Weil der nach ihr benannte Renn- wagen sehr erfolgreich war, begann der Siegeszug des Namens, der nun seit 1902 als Markennamen ge- schützt ist.

17
E-Auto doch ein Irrweg?

Das Auto verdrängte die Pferdekutschen und somit die natürlichen PS. Doch es sollte noch bis zur sogenannten Wirtschaftswunderzeit nach dem Zweiten Weltkrieg dauern, bis es sich überall durchsetzen konnte und schon bald der Eisenbahn Konkurrenz machte, die immerhin mehr als 100 Jahre lang das Transportwesen beherrschte. Anfang des 20. Jahrhunderts wurden noch vielerorts Nebenbahn-Strecken gebaut, deren Bedeutung aber schon 50 Jahre später mit jedem Auto, das zugelassen wurde, rasch sank.

Begonnen hatte die globale Eisenbahn-Geschichte bereits am 27. September 1825 auf einer 39 Kilometer langen Strecke vom englischen Stockton nach Darlington. Zehn Jahre später ratterte dann auf einer nur sechs Kilometer langen Strecke die erste deutsche Eisenbahn von Nürnberg nach Fürth. Aber schon fünf Jahre später waren in Deutschland rund 500 Kilometer Schiene verlegt.

Alles ging sehr schnell. Nach heutigen Verhältnissen sogar blitzartig: Nur 15 Jahre, nachdem in England die erste Eisenbahn gefahren war, wurde im Königreich Württemberg an einer Nord-Süd-Verbindung von Heilbronn über Stuttgart und Ulm nach Friedrichshafen zu bauen begonnen. Zehn Jahre später, 1850, war das Projekt vollendet und mit der Geislinger Steige die erste Eisenbahn-Gebirgsüberquerung auf dem europäischen Kontinent geschaffen. Mit „Gebirge" war natürlich die „Schwäbische Alb" gemeint, die sich wie ein Querriegel zur Trassenführung erhebt.

Es muss als eine Fehlentscheidung ohnegleichen gewertet werden, dass sich die Politik vom Auto-Boom des ausgehenden 20. Jahrhunderts hat leiten und die Bahn-Infrastruktur verkommen lassen. Auch natürlich unter dem Gesichtspunkt der Gier: Die Bahn wurde „privatisiert", zu einer AG gemacht, jedoch dann lieber nicht an die Börse gebracht. Somit hat die Bahn AG, die gerne unter diesem Begriff firmiert und so tut, als sei sie kein Staatsunternehmen mehr, nur einen Aktionär: die Bundesrepublik Deutschland. Diese freilich schiebt gerne die Schuld an den teilweise miserablen Zuständen der Bahn-Infrastruktur dann bequemerweise auf die Bahn AG, um dem verbitterten Bürger Sand in die Augen zu streuen und ihm zu suggerieren, dass die Regierungsmannschaft damit natürlich nichts zu tun habe. Nun rächt sich zweierlei: erstens, dass man die Bahn lange Zeit „totgespart" und zweitens, dass man viele Nebenbahnen aufgegeben hat. Schon als das Auto erfunden war, hatte allerdings weiterhin das Eisenbahnfieber grassiert. Abseits der überörtlichen Hauptstrecken entstanden Nebenbahnen, die in Seitentäler oder aufs bis dahin verkehrsmäßig schlecht erschlossene flache Land führten. Oft endeten sie abrupt am Talschluss oder in einer kleinen Stadt, und die Obrigkeit versprach, die Gleise eines Tages fortzuführen, um sie an eine andere Hauptstrecke anzubinden. Doch es blieb vielerorts bei den Versprechungen.

Als dann das Auto die Bahn besiegt hatte, wurden in den 70er- und 80er-Jahren des vergangenen Jahrhunderts viele unrentabel gewordene Nebenstrecken stillgelegt und vorzugsweise in Radwege umgewandelt. Die bürokratisch geführte und deshalb schwerfällige Bahn konnte der Auto- und Omnibuskonkurrenz nichts entgegensetzen. Und die betriebswirtschaftlichen „Totrechner" waren schon damals übermächtig: Anstatt innovative Ideen zu entwickeln, wie etwa zusätzliche Haltepunkte und einen S-Bahn-artigen Betrieb, gab es nur eines: weg damit!

Heute weiß man: Es war kurzsichtig und schwachsinnig gedacht. Dort, wo die Kommunen gierig die Schienentrasse an sich zogen, um Bau- und Gewerbegebiete draufzusetzen, ist die Strecke sehr schnell verloren gewesen. Wo jedoch Rad- und Gehwege entstanden sind, ließe sich eine Re-Aktivierung machen. Mancherorts ist dies bereits geschehen. Natürlich wird man das Auto, wie bisweilen zumindest unterschwellig aus ideologischen Gründen gefordert, nicht verbannen können. Wer sowas auch nur ansatzweise plant, vergisst nicht nur die Senioren, sondern auch die Menschen auf dem Land. Denen bleibt angesichts des ausgedünnten öffentlichen Personennahverkehrs nur das Auto, um zu Arzt, Supermarkt oder Apotheke zu gelangen. Wer diesen Menschen das Auto wegnehmen will oder gar den Sprit so verteuert, dass sie es im Hinblick auf die aufkommende Altersarmmut gar nicht mehr finanzieren können, versündigt sich an diesem Personenkreis. Wenn Politiker in ihrer Berliner Blase, umgeben von U-, S- und sonstigen Bahnen und Bussen, sitzen, sich aber auch meist von Chauffeuren kutschieren lassen, haben sie mit Verlaub keine Ahnung, wie es draußen auf dem weiten Land zugeht. Ich könnte Schreikrämpfe kriegen, wenn ich dann den Verweis aufs Fahrrad höre. Erstens ist nicht jeder ältere Mensch körperlich noch in der Lage, Rad zu fahren, und zweitens stellt sich die Frage, wie man vom kilometerweit entfernten Supermarkt dann Kartoffeln, Getränkekisten oder andere schwere Waren heimtransportieren soll. Sagen Sie jetzt bloß nicht, man könne sich dies ja alles von Paketdiensten anliefern lassen. Sehr originell, vor allem umweltfreundlich. Denken Sie an die Lastwagen-Kolonnen – und an die unzähligen Lieferwagen der Paketdienste, die tagtäglich durch alle Straßen und Gassen fahren müssen. Bis zur letzten Sackgasse im Wohngebiet.

Lassen wir den Menschen ihre Autos, deren Herstellung im Übrigen ganze Landstriche in Lohn und Brot setzt. Ich halte es auch für geradezu diskriminierend, wenn man den Älteren ab einem bestimmten Alter das Autofahren verbieten möchte. So lange jemand fahrtauglich ist, soll er fahren dürfen. Medizinische Tests, wie sie etwa in der Luftfahrt (auch für Sportflieger) vorgeschrieben sind, wären allerdings denkbar.

Wichtig im Alter ist die Mobilität – und die ist außerhalb der Ballungsgebiete häufig nur mit dem eigenen Auto möglich.

Über neue Auto-Technologien kann man natürlich lange streiten. Weshalb momentan der rein elektrische Antrieb so gepriesen wird, kann ich nicht nachvollziehen. Es können nur politische Vorgaben sein, die meiner Ansicht nach eben ideologisch, nicht aber praktisch geprägt sind. Denn: E-Autos brauchen Strom, der auch irgendwo aus irgendetwas produziert werden muss (im Idealfall aus Wind, Wasserkraft und Sonne), und es werden zum Laden der Akkus zuhauf Steckdosen gebraucht, die man nicht einfach so am Straßenrand installieren kann. Wo aber, bitte schön, sollen die Millionen von Autofahrern, die kein eigenes Grundstück und keine Garage haben und ihr Gefährt immer am Straßenrand parken, eigentlich Strom zapfen? Mit einem Verlängerungskabel aus dem Fenster, quer über den Gehweg zum geparkten Auto?

Über die Herstellung des Akkus will ich nicht weiter diskutieren. Wer sich die Mühe gemacht hat, darüber zu recherchieren, wird die Bedingungen, unter denen die Rohstoffe in den Abbaugebieten gewonnen werden, nicht wegwischen können. Außerdem gibt es ernstzunehmende Berechnungen, wonach sich ein E-Auto unter Umweltgesichtspunkten nur dann lohnt, wenn extrem viele Kilometer gefahren werden.

Also doch: fahren für die Umwelt?

Vor Jahrzehnten schon war mir bei der Lektüre entsprechender Fachartikel klar, dass nur eines helfen kann: Wasserstoff. Hergestellt aus Wasser, jedoch mit dem Einsatz von viel elektrischer Energie, würde er alle Probleme lösen. Ja, natürlich: Man braucht viel Strom, den man jedoch dort, wo er produziert wird (an Windkraft- oder großflächigen Fotovoltaik-Anlagen), gleich in Wasserstoff umwandeln, an Tankstellen transportieren und dort nahezu ähnlich wie den heutigen Sprit „tanken" könnte. Lange Stromleitungen von den Windkraftanlagen in Nord- und Ostsee bis zu einer Strom-Zapfstelle im südlichen Bayern wären dann nicht unbedingt nötig. Aber auch das – Achtung: Satire – hätte einen Nachteil: Man könnte das lange Stromnetz nicht als Strom-speicher nutzen, wie man dies beispielsweise mit Gas in den langen Rohrleitungen tun kann. Stromnetz als Speicher – auf diese Idee kann nur jemand kommen, der im Eifer des politischen Geschäfts seine physi-kalische Ahnungslosigkeit preisgibt.

Übrigens gäbe es auch noch andere Alternativen für neue Auto-Antriebe: Mitte 2021 hat „BR24" (Kon-trovers, die Story) über die Entwicklung eines Fahr-zeugs mit Methanol-Brennstoffzelle berichtet: 800 Kilometer elektrische Reichweite und in drei Minu-ten so einfach aufgetankt wie ein Diesel. Ganz ohne Ladekabel. Erfunden von dem ehemaligen Audi-Inge-nieur Roland Gumpert, der jedoch bislang offenbar vergeblich um Unterstützung aus Politik und Indus-trie kämpft. Das Bundesverkehrsministerium hatte ihm zwar einen Smart zur Umrüstung zur Verfügung gestellt - sich dann aber nicht mehr darum gekümmert und das Vorhaben schlichtweg vergessen. Ein ehemaliger Daimler-Mitarbeiter aus der Ulmer Wissenschaftsstadt, der vor Jahren bereits an einer ähnliche Entwicklung beteiligt war, zeigte sich vor der Fernsehkamera zunächst skeptisch: Die Branche habe sich auf das Elektroauto mit Batterie festgelegt. Der Zug sei abgefahren: „Ich glaube nicht, dass man es noch aufhalten kann." Tags darauf ließ er die Fernsehredakteure wissen, dass er Gumperts Entwicklung nach längerem Überlegen doch nicht ganz so skeptisch sehe. Das Video dazu ist bei youtube zu sehen.

18
Physik nicht vernachlässigen!

Physik ist die Grundlage aller Naturphänomene. Dazu Chemie und Mathematik. Damit lässt sich zwar die Schöpfung nicht erklären, aber man hat auf diese Weise versucht, sie in ein einigermaßen berechenbares System zu zwängen. Ob freilich unsere Wissenschaft mit ihren Formeln bereits alles erklären kann, darf ruhig bezweifelt werden. Vielleicht gibt es irgendwann Entdeckungen, die unsere heutigen Erkenntnisse über die Naturkräfte erschüttern. Ein Beispiel dafür könnte die Quantenphysik sein, die zu verstehen nicht jedem vergönnt ist. Und doch entstammt sie nicht einem Science Fiction-Roman.

Es sind nicht immer die großen Gelehrten, die zu neuen Ufern aufbrechen. Einer, der offenbar von einem inneren Drang getrieben wurde, über das Universum nachzudenken, war der in Ulm geborene Albert Einstein. Seine Relativitätstheorie ist für den Laien nur schwer nachvollziehbar – wie etwa, dass die Zeit in unterschiedlich beschleunigten geschlossenen Systemen verschieden schnell vergeht. Und dass es immer auf den Standort des Beobachters ankommt. Stellen Sie sich mal vor, Sie spielen in einem fliegenden Flugzeug Federball. Was passiert? Der Ball würde für einen Beobachter auf der Erde mit rund 900 Stundenkilometer vorbeifliegen – mit der Geschwindigkeit des Flugzeugs. Im Flugzeug selber aber hätte der Federball nur die „normale" Geschwindigkeit, die ihm der jeweilige Spieler mit dem Schläger verpasst hat.

Vielleicht haben Sie als Kind auch einmal heimlich im fahrenden Zug getestet, was passiert, wenn Sie in die Höhe springen. Die Logik würde sagen, Ihre Füße hätten danach etwa ein oder zwei Meter weiter hinten wieder den Boden berühren müssen – also jene Entfernung, die der Zug während Ihres Hochspringens zurückgelegt hat. Natürlich sind Sie normal gelandet. Denn Sie waren mit dem Zug beschleunigt und befanden sich in dem geschlossenen System. Auf einem offenen Güterwaggon sähe dies anders aus: der Fahrtwind hätte Sie kräftig nach hinten versetzt ...

Warum ich diesen kurzen „Ausflug" zu Einstein gemacht habe? Weil ich insbesondere den jüngeren Lesern dringend raten möchte, in der Schule niemals die naturwissenschaftlichen Fächer zu vernachlässigen – oder gar „abzuwählen", wie dies aus Bequemlichkeit im Gymnasium bisweilen üblich ist.

Aus eigener, sehr bedauerlichen Anschauung weiß ich, dass ohne diese Fächer manche berufliche Richtung verbaut sein kann. Leider gibt es völlig unfähige Lehrer, die nicht in der Lage sind, ihrer Verantwortung gegenüber den Schülern nachzukommen und sie für Naturwissenschaften zu begeistern. Wenn der Stoff nur durchgepaukt wird, wenn schwächere Schüler sozusagen zurückgelassen werden und sie die Systematik von Mathematik, Physik und Chemie nicht begreifen, geht sehr viel innovatives Engagement für immer verloren. Mir fehlen deshalb die Worte, wenn ich hören muss, wie lustlos und teilweise völlig faul manche Lehrer sind – und die Rektoren trotz Elternprotest nicht eingreifen oder es nicht dürfen. Es gibt sicher viele gute Lehrer (ich selbst durfte auch einige kennenlernen), keine Frage, aber schon ein geringer Prozentsatz nicht guter ist eine Sünde gegenüber den Schülern. Da wird bereits in einem ganz frühen Stadium sehr viel wissenschaftliches Potenzial vernichtet. Allerdings gibt es für derart „verdorbene" Schüler glücklicherweise noch weitere Wege, die nach oben führen – vorausgesetzt, sie sind engagiert und willens. Sagen Sie jetzt bloß nicht, dass es für ein politisches Amt allemal noch ausreicht ... Dieses Land braucht schlaue, muti-

ge Erfinder, denen man aber auch das entsprechende Umfeld und die finanziellen Chancen bieten muss.
Ein Blick ins Silicon-Valley in Kalifornien zeigt, wie
es gehen kann.

19
Karriere in der Politik

Hierzulande kann man Politologie studieren und bar
jeder praktischen Erfahrung in hohe Ämter aufstei-
gen. Man kann es aber auch durch zähes und zielge-
richtetes Vorgehen in der Politik zu etwas bringen.
Voraussetzung: schwätzen. Wer gut reden kann,
selbstbewusst auftritt und allen zeigt, was er „für
ein Kerle" (oder besser: Frau) ist, der hat alle Chancen, Abgeordneter, Minister oder Kanzler zu werden
(jeweils auch in der femininen Form natürlich). Der
Normalbürger geht oft untertänigst davon aus, dass
ein Minister auch Fachmann seines Ressorts ist, die
Thematik studiert hat oder zumindest ganz außer-
ordentliche Kenntnisse davon hat. Dabei kann ein
Gesundheitsminister auch gelernter Bankkaufmann
sein und eine Verteidigungsministerin noch nie einen
Panzer von innen gesehen haben. Dass ein Verkehrsminister nicht unbedingt ein Schlaukopf in Sachen
Verkehr sein muss, das braucht nicht extra erwähnt
zu werden.
Nein, wir müssen uns freimachen von dem Gedanken,
dass der Minister, der abends vor den Kameras des

Fernsehens steht und ein tolles Statement abgibt, davon auch eine Ahnung hat. In einigen Fällen kann dies tatsächlich sein. Falls nicht, wird er sich auf die Redenschreiber und Einflüsterer im Hintergrund verlassen müssen – die Ministerialbürokratie und einen ganzen Stab weiterer Mitarbeiter. Auch dabei stellt sich die Frage, inwieweit diese jeweils Fachleute sind oder ob es ihnen nicht nur darum geht, ideologische, also parteipolitische Ziele zu verfolgen, die ihnen ihr Chef (der Minister) vorgibt. Im Falle einer Krise ist es natürlich notwendig, dass ein „Frontman" aus der Regierungsriege vor die Kameras tritt und mit dem festen Ton der Überzeugung Verharmlosendes von sich gibt. Dauert die Krise jedoch länger, wird es zunehmend schwerer, fehlenden Sachverstand durch schöne Reden zu kompensieren. Und irgendwann durchschaut das Volk, dass entweder Ratlosigkeit vorherrscht oder dass versucht werden soll, mit uneinlösbaren Versprechungen Zeit zu gewinnen.

Wer den Statements in den TV-Nachrichten kritisch und aufmerksam lauscht, wer auch auf die Zwischentöne und die Mimik achtet, wird bei den Rednern Unsicherheit bemerken und die vorgetäuschte Sicherheit durchschauen.

Mein Vorschlag für Eltern, die damit liebäugeln, dass ihr Nachwuchs einmal in die Politik einsteigen soll: Sorgen Sie dafür, dass Tochter oder Sohn möglichst bald mit dem Ortsverband der Partei Ihres Vertrauens in Kontakt kommen. Lassen Sie die Kinder für diese Partei bei der nächsten anstehenden Wahl Broschüren und Flyer austragen und geben Sie ihnen die Möglichkeit, sich so bald wie möglich in der jeweiligen Jugendorganisation zu engagieren. Über Gemeinderat, Kreistag geht's dann zum Landtag.

Wer als 30-Jähriger bereits auf eine saubere Parteikarriere verweisen kann, dem wird man kaum einen weiteren Aufstieg verwehren können. Natürlich können ein paar Semester Jura, Politologie, Germanistik oder Philosophie nichts schaden. Ob ein Studium zu Ende geführt wurde, kann man im Lebenslauf mit entsprechenden Formulierungen kaschieren. Nur eines sollte man nicht tun: eine Doktor-Arbeit vortäuschen oder diese gar mit unlauteren Mitteln erschwindeln. Das kann bös ins Auge gehen.

Von Vorteil ist es aber, wenn man auf eine berufliche Erfahrung verweisen kann. Aber auch dies lässt sich locker während der Semesterferien bewerkstelligen. So hat einmal ein Abgeordneter davon geschwärmt, wie er bereits als junger Mann die Sorgen und Nöte des normalen Bürgers erfahren habe: während eines Ferienjobs als Taxifahrer.

Und falls eine Parteikarriere einmal abrupt zu Ende geht, wird sich im Schoß der Partei immer noch ein Pöstchen finden. Irgendwo und irgendwie.

20
Welche Kraft steckt im Samenkorn?

Dass beim politischen Vorwärtsstreben die Schöpfung völlig außer Acht gelassen wird, muss bei echten „Parteisoldaten" befürchtet werden, die nur nach Wählerstimmen trachten und sich als „Volksvertreter" dann eher den Lobbyisten zugetan fühlen. Wie sonst könnte es sein, dass umweltschützende Maßnahmen zwar gefordert, aber dann nur im Schneckentempo vorangetrieben oder der Einfachheit halber „auf Brüssel" abgeschoben werden? Ein Beispiel, das ich schon erwähnt habe: Seit Jahr und Tag weiß man, wie dramatisch das Insektensterben ist. Doch anstatt sofort und gleich Maßnahmen gegen Pestizide zu ergreifen, wird diskutiert. Und diskutiert – und die Entscheidung oder das Inkrafttreten verschoben. Oder etwas ersonnen, was dann nur eine Alibiaktion ist und erst mal den Weg des geringsten Widerstands geht – nämlich das Schröpfen des kleinen Bürgers. Wie ich bereits dargestellt habe.

Wer von den diskutierenden Theoretikern hat denn schon mal das Wunder der Schöpfung im Kleinen beobachtet? Nur im Garten vielleicht. Wenn nach einem langen kalten Winter plötzlich mit den ersten Sonnenstrahlen das Leben erwacht. Nicht nur Singvögel werden aktiver, sondern auch die vielen kleinen Krabbler, sofern sie das Umweltgift überlebt haben. Aus jedem winzigen Samenkorn, nur wenige Millimeter groß, entfaltet sich ein Pflänzchen. Ganz zart und zerbrechlich. Was aber bewegt dieses Samenkorn, jetzt lebendig zu werden? Welche Kraft, welche Energie steckt dahinter? Okay, wir können den biologischen Vorgang erklären – nicht aber, was den Anstoß gibt.

Haben Sie schon einmal den Nestbau von Vögeln beobachtet? Ich habe öfters Amseln im Garten, die unter der Holzkonstruktion der Pergola – je nach Witterung – bereits ab März ihr Revier abstecken. Mit ungeheurer Energie fliegen sie Hunderte Male hin- und her, um ein Nest zu flechten – eine Arbeit, die intelligentes Vorgehen erfordert. Alles nur Instinkt? Klar, werden die Wissenschaftler sagen. Nur Instinkt. Das ist denen angeboren. Nur so aus der Evolution heraus passiert.

Man kann den Vögeln stundenlang zuschauen, wie sie ihr Material herbeischaffen. Moose, Gras, vertrocknete Pflanzen. Einiges davon wird in den Gartenteich getunkt, um es besser bearbeiten zu können. Ist das Nest fertig, legt die Amsel-Dame ihre Eier, auf denen sie dann etwa zwei Wochen lang nahezu ständig verharrt. Nur gelegentlich entfernt sie sich, um selbst Nahrung zu suchen. Richtig spannend wird's, wenn die Kleinen schlüpfen, meist vier oder fünf. Schlüpfen bedeutet, dass sich in den kleinen Eiern Leben entwickelt hat. Wie auch immer. Ein Rätsel, das allem Lebendigen innewohnt. Weitere zehn Tage sind die Amsel-Eltern nun damit beschäftigt, die hungrigen Mäuler zu füttern. In dieser Zeit ist im

Garten kein Wurm und kein Sämling sicher. Alles, was aus dem Boden sprießt oder sich an kleinem Getier aus der Deckung wagt, wird gnadenlos mitgenommen. Wer sich die Zeit nimmt, dies alles über Tage hinweg zu beobachten, wird mit gewisser Demut feststellen, dass wir nur ein winzig kleiner Teil eines wundersamen Systems sind, aus dem Lebendiges entsteht. Deshalb sollten wir Ehrfurcht und Achtung vor allem haben, was sich um uns herum bewegt und was den Erdboden als Grundlage seines Wachstums hat.

Ehrfurcht aber auch vor dem Wasser, das nach unseren Erkenntnissen die wichtigste Voraussetzung für Leben ist. Wasser, dieser wundersame Stoff aus zwei Wasserstoff- und einem Sauerstoffatom, die sich zu einem Wassermolekül verbinden. Dies und die Energie der Sonne erwecken jedes Samenkorn zum Leben. Daraus entwickeln sich Pflanzen, die wiederum Nahrungsgrundlage für jedes Tier und die Menschen sind. Wasser, das wir häufig sehr stiefmütterlich behandeln, verschmutzen, in Betonkorsetts zwängen und durch Turbinen jagen, ist ein wahrlich wundersames Element. Von der Wärme-Energie der Sonne zu Wolken verdunstet, wird es über die Kontinente getrieben, wird durch Abkühlung wieder zu Wasser und fällt als Regen zur Erde. Dort wird es von den Pflanzen aufgenommen oder es versickert und tritt über Quellen wieder ans Tageslicht. Oftmals vermischt mit Schmutz und geklärtem Abwasser, fließt es dann, der Schwerkraft folgend, über Flüsse ins Meer. Wenn es auf dem Weg dorthin

Höhenunterschiede überwindet, entfaltet es die enorme Energie, die die Sonne zur Verdunstung aufgewandt hat. Über Turbinen lässt sich diese Kraft in elektrischen Strom umsetzen. So gesehen ist das Wasser einem ständigen Kreislauf unterworfen – und es versinnbildlicht uns, wie das Leben immer wieder neu entstehen kann: was „abfließt" – oder stirbt – geht in den großen Ozean zurück, von wo es eine „himmlische Energie" wieder aufs Neue über den Planeten verteilt. Insofern steckt in allem und in jedem ein Teil der schon einmal dagewesenen Energie.

Dass nicht überall auf unserem Planeten genügend sauberes Wasser zur Verfügung steht, ist eine erbärmliche Schande. Die sogenannten reichen Staaten bringen es nicht einmal fertig, den Wüstenstaaten diese Lebensgrundlage zu schaffen. Stattdessen wird beispielsweise von einem europäischen Großkonzern in Südafrika kommerziell Wasser abgepumpt, um es nach Europa zu transportieren und es flaschenweise teuer zu verkaufen. Inzwischen werden nämlich große Teile der ober- und unterirdischen Wasserreserven weltweit von privaten Unternehmen vermarktet. Sie kaufen großflächige Ländereien auf, pachten sie oder sichern sich durch Lizenzen profitable Quellen, wie in einer ARD-Fernsehreportage bereits im Mai 2013 dargestellt wurde. Ein jeder konnte es sehen, ein jeder weiß es seither: Damaligen Zahlen zufolge füllte ein Schweizer Großkonzern unweit von Pretoria täglich 282.000 Liter Wasser in

Flaschen ab und transportierte sie nach Europa, um sie dort zu verkaufen. Hingegen stand den Arbeitern in einer nahegelegenen Wohnsiedlung kein vernünftiger Wasseranschluss zur Verfügung. Offiziell hieß es von Südafrikanischer Seite, man erhoffe sich von der Vergabe der Lizenzen ein wirtschaftliches Wachstum.

Das abgezapfte Wasser freilich wird auch in Südafrika in den Supermärkten verkauft, doch viel zu teuer, als dass die arme Bevölkerung es sich leisten könnte. Auf dem Etikett steht: „Water you can trust – das Wasser, dem du vertrauen kannst."

Was man aber wissen muss: Die Vollversammlung der Vereinten Nationen hat am 28. Juli 2010 mit großer Mehrheit das Recht auf „einwandfreies und sauberes Trinkwasser und Sanitärversorgung als ein Menschenrecht anerkannt, das unverzichtbar für den vollen Genuss des Lebens und aller Menschenrechte ist."

Jedem vernünftigen Menschen stellt sich allerdings ohnehin die Frage, weshalb es nicht möglich ist, die Dürregebiet Zentralafrikas mit sauberem Wasser zu versorgen. Wir bauen mit gigantischem Aufwand Gasleitungen quer durch die Ostsee und über Kontinente hinweg – warum aber, so frage ich mich, ist es nicht möglich, eine große Wasser-Versorgungsleitung quer durch Afrika zu legen, also vom Atlantik bis zum Indischen Ozean, gespeist durch beidseits installierte und mit Sonnenenergie betriebene Meerwasser-Entsalzungsanlagen. Zu teuer, werden jetzt die amtlichen „Totrechner" sagen. Ja, teuer wäre das. Und es lohnt sich halt nicht. Weil man das Wasser nicht verkaufen könnte, sondern den Ärmsten der Armen kostenlos zur Verfügung stellen müsste. Nur wenn das Projekt Profite abwerfen würde, wäre es zu realisieren. Aber Tote fallen bei den „Totrechnern" natürlich nichts ins Gewicht.

21
Profit wichtiger als die Mitgeschöpfe

Was uns alle nachdenklich stimmen müsste: Wir können uns heutzutage auf allen möglichen Kanälen über alles informieren und werden sogar von den großen öffentlich-rechtlichen Fernsehsendern mit fundiert recherchierten Reportagen versorgt (meist allerdings am späten Abend, wenn dümmliche Quizshows vorbei sind), aber es ändert sich meist nichts. In früheren Zeiten hätten Skandalstorys einen Aufschrei ausgelöst, doch inzwischen scheint man derart abgestumpft zu sein, dass man's zwar zur Kenntnis nimmt, aber sofort wieder in den Alltag zurücksinkt.

Jedenfalls kann niemand behaupten, die Missstände nicht gekannt oder nie davon gehört zu haben. Manches ist auch so weit weg, dass man es gerne verdrängt und von sich schiebt. Und jenen, die kraft ihrer Parteizugehörigkeit von sich behaupten., etwas ändern zu wollen, glaubt man nicht mehr. Viel zu oft schon wurde man enttäuscht.

Deshalb sollten wir mehr den wirklich unabhängigen Wissenschaftlern und Forschern vertrauen. Wenn die nämlich klagen, dass auf dem Pazifischen Ozean ein Plastikmüllstrudel treibt, der 1,6 Millionen Quadratkilometer Wasserfläche bedeckt, dann dürfte dies der Wahrheit entsprechen – und müsste eigentlich einen Aufschrei der Empörung verursachen. Doch die Menschheit müllt weiter. Verunreinigte Gewässer ergießen ihre Schmutzfracht allerorten ins Meer, wo jene Fische schwimmen, die wir als Delikatesse verspeisen. Kreuzfahrtschiffe kippen ihren Abfall ebenfalls in das Gewässer, auf dem sie schippern (auch wenn dieses Vorgehen mittlerweile deutlich reduziert worden sein soll). Aus dem explodierten japanischen Kernkraftwerk Fukushima wird vermutlich bald kontaminiertes Wasser in den Ozean geleitet, weil die örtlichen Lagerkapazitäten nicht mehr ausreichen.

Wenn man tiefer in das Thema Planeten-Verschmutzung einsteigen würde, müsste man noch eine Vielzahl weiterer umweltzerstörerischer Machenschaften aufzählen. Nein, ich will nicht nur schwarz malen, sondern nur drastisch darstellen, wie wir mit der Erde umgehen, für die es keinen Ersatz gibt.

Während sich die Politik meist mit „Nebenkriegsschauplätzen" befasst, geht das Treiben munter weiter – weil sich die Weltengemeinschaft noch immer nicht einig ist und nicht erkennen mag, dass alle denselben Planten brauchen. Es nützt niemandem, wenn jeder auf die große „Weltkonferenz" wartet, bei der alle Staaten-Führer zur Vernunft kommen. Allein schon der Begriff „Weltklimakonferenz" treibt einem einen Schauder des Entsetzens über den Rücken. Die Herrschaften, die da zusammensitzen, produzieren in der Regel nur eines: Spesen. Man mag die Statements nicht mehr hören. Der hilflose Normalbürger, der meist der Einzige ist, der anschließend unter irgendwelchen sinnlosen Alibi-Beschlüssen zu leiden hat, hat es satt, mit schönen Reden eingelullt zu werden. Genau dies ist mein Anliegen: Lassen Sie sich nicht Sand in die Augen streuen und für dumm verkaufen! Nirgendwo.

Und seien Sie wachsam. Überlegen Sie einmal, woher die vielen Produkte im Supermarkt kommen. Die Trauben, Pfirsiche oder Kartoffeln. Um die halbe Welt werden sie kutschiert, weil sie irgendwo in fernen Landen billig produziert werden. Während auf unseren Feldern die Energiepflanze Raps gedeiht, kommen die Kartoffeln in Übersee-Containern zu uns. Okay, werden manche sagen, es seien halt auch unterschiedliche Sorten gefragt, für Salat und Püree sowie zum Braten in der Pfanne. Da taugt die heimische Kartoffel, zum Beispiel von der Schwäbischen Alb, natürlich nicht mehr – obwohl ganze Generationen damit zufrieden waren. Aber wo ein Bedarf geweckt wird, wird natürlich zugegriffen. Wenn die Trauben aus Ägypten schon im Supermarkt liegen, kann man sie ja kaufen. Denn die haben ihren langen, energiefressenden Transportweg schließlich schon hinter sich. Und wenn wir sie nicht kaufen, landen sie ein paar Tage später im Biomüll und werden günstigstenfalls in einer Vergasungsanlage zu Strom gemacht.

Sinn würde es nur machen, wenn sich die Kundschaft zuhauf umstellen und sozusagen schlagartig diese aus weiter Ferne angekarrten Waren liegen ließe. Das gilt natürlich in gleicher Weise, wenn man all die anderen heimischen, vor allem aber natur- und tierschonend produzierte Lebensmittel, unterstützen wollte. Aber auch hier entscheidet letztlich der Preis. So lange Geld und Profit wichtiger sind als unsere Mitgeschöpfe, also Hühner, Kühe oder Schweine, wird es kein Umdenken geben. Natürlich sagt es sich in der „politischen Blase" Berlins leicht, die Menschen sollten zu einheimischer und fair produzierter Ware greifen, auch wenn diese teurer sei. Das, bitte schön, erklären Sie mal einer alleinerziehenden Frau oder einer Familie mit mehreren Kindern – oder Leuten, die keinen Job haben oder ihn demnächst verlieren.

22
Ideenlose Rentenpolitik

Es gibt immer mehr Menschen im angeblich so reichen Deutschland, die mit sehr wenig Geld über die Runden kommen. Da nützen auch die (geschönten)

Statistiken darüber nichts, wie reich die Deutschen seien. Ein Durchschnittswert besagt gar nichts über die tatsächlichen Verhältnisse. Ein paar Milliardäre beispielsweise wiegen locker einige Hundert Hartz IV-Empfänger auf. Der Einzelne, der in Armut lebt, hat aber leider nichts davon. Im europäischen Vergleich schneidet Deutschland jedenfalls allen vollmundigen, meist vor-wahlzeitlichen Behauptungen zum Trotz in vielerlei Vergleich erbärmlich ab. Dabei sei nicht einmal nur auf die digitale „Hinterwäldlerei" verwiesen, die mit Corona auf dramatische Weise zutage trat. Wenn Schulen kein WLAN-Netz haben, Lehrer im Umgang mit Computertechnik wie der Ochs vor der Apotheke stehen und die Mobilfunk-Abdeckung bisweilen löchrig wie der Schweizer Käse ist, dann muss man schon ein strammer Parteisoldat sein, wenn man den Sonntagsreden zu diesen Themen Glauben schenkt.

Im Vergleich zur Rentenhöhe kommt Deutschland nach Angaben der Organisation für wirtschaftliche Zusammenarbeit und Entwicklung (OECD) so ungefähr auf 58 Prozent des letzten Einkommens. Wer da nicht vernünftig vorgesorgt und das Geld womöglich cleveren Erfindern windiger Versicherungen in den Hals geworfen hat, wird ziemlich dumm aus der Wäsche schauen, wenn sich der Ruhestand nähert. Allerdings rückt der in Deutschland in immer weitere Ferne, denn das Renteneintrittsalter soll ja bekanntermaßen stufenweise bis zum Jahre 2032 auf 67 Jahr erhöht werden. Ich will Sie nicht schockieren, aber alle, die ab 1964 geboren sind, trifft es.

Schon schwadronieren ideenlose und nie ernsthaft handwerklich gearbeitet habende Politiker davon, die Grenze sogar auf 70 Jahre anzuheben. Wer so daher redet – dies sei mit Verlaub gesagt – versündigt sich an den Menschen, von denen trotz gestiegener Lebenserwartung ein nicht geringer Teil die Rente gar nicht mehr in Anspruch nehmen werden kann. Ist damit auf menschenverachtende Weise sogar kalkuliert? Jedenfalls sieht es anderswo in Europa besser aus – sowohl beim Renteneintritt als auch bei der Rente selbst. In Russland und in der Türkei geht man mit 60 in die Rente, in Luxemburg, Griechenland und Slowenien mit 62,2. Frankreich mit 63,3 Jahren. Eine ganze Reihe von Ländern (unter anderem Spanien, Dänemark, Belgien, Polen, Österreich und die Schweiz) mit 65. Wenn man nicht gerade gut abgesicherter Beamter ist, kann man als Arbeitnehmer nur auf abschlagsfreie Rente rechnen, wenn man 45 Beitragsjahre aufweisen kann. Mithilfe dieser Klausel früher aussteigen zu können, das schafft man nur, wenn man mit 19 oder 20 Jahren bereits sozialversicherungspflichtig beschäftigt war.

Außerdem ist der Begriff „abschlagsfrei" meiner Ansicht nach irreführend, auch wenn er von der Politik und der unkritischen Bevölkerung (aber auch von unkritischen Journalisten) verteidigt wird. Abschlagsfrei suggeriert nämlich, man bekäme dieselbe Rente, wie wenn man bis zur maximal vorgeschriebenen gesetzlichen Ruhestandsgrenze arbeiten würde.

Das ist natürlich nicht der Fall. Man kriegt nach 45 Beitragsjahren eben jene Rente, die sich aus diesem Zeitraum errechnet. Das ist natürlich weniger, als würde man noch zwei oder drei Jahre länger arbeiten. Dies haben übrigens viele Medien-Kommentatoren bis heute nicht kapiert, wenn sie immer wieder unterschwellig zum Ausdruck bringen, die „Frühaussteiger" nach 45 Beitragsjahren würden die Rentenkasse plündern.

Dies geschieht durch den Staat selbst, allerdings auf ganz andere Weise, indem er nämlich die Gelder, die das normal werktätige Volk zwangsweise in die Rentenkasse bezahlen muss, für allerlei Leistungen missbraucht, die nichts mit der Rente oder den Beitragszahlern zu tun haben.

Dass Rentner über das System der betrieblichen Altersversorgung rückwirkend noch Kranken- und Pflegeversicherung bezahlen müssen, habe ich bereits erwähnt. Warum ich so eindringlich darauf hinweise? Weil gerade die jüngeren Leser unbedingt wissen sollten: Denken Sie rechtzeitig an eine Altersvorsorge und gehen Sie mit den Angeboten sehr sorgfältig und kritisch um. Haben Sie ein gesundes Misstrauen gegenüber dem, was der Staat sagt. Was heute gilt, kann morgen schon Makulatur sein. Meine Generation hat noch zu Recht darauf vertraut, dass es bei staatlichen Vorgaben eine Beständigkeit gibt. Das hat sich inzwischen grundlegend verändert. Erlauben Sie mir, Ihnen eine weitere Illusion zu nehmen: Auch wenn Sie noch so ein sagenhaftes Gehalt hatten — die gesetzliche Rente ist gedeckelt.

Sie orientiert sich am Durchschnittseinkommen der Bevölkerung und an der Beitragsbemessungsgrenze (bis zu der prozentual die Sozialversicherungsbeiträge zu bezahlen sind). Unter Berücksichtigung all dessen und der Beitragsjahre errechnete sich im Dezember 2020 beispielsweise für Rentner im Westen der Republik brutto 3.077 Euro monatlich. (Abzüglich natürlich von Steuern und Kranken- und Pflegeversicherung).

Allerdings kommt nur ein geringer Teil der Rentner in den Genuss dieser Rentenhöhe.   Als Standardrente gelten im Westteil der Republik nur etwa 1.500 Euro. Damit wird deutlich, dass sehr viele wesentlich darunter liegen müssen – obwohl schon 1.500 Euro brutto angesichts hoher Mieten und der Lebenshaltungskosten nicht gerade ein üppiges Dasein ermöglichen. Das politische Reizwort von der Altersarmut ist also nicht die Erfindung von Sozialschwärmern.

 Leider wird in der politischen Rentendiskussion nie gesagt, dass eine Rentenerhöhung sofort der Staatskasse zugutekäme – nämlich über die Mehrwertsteuer. Denn alles, was sich ein Rentner mit zusätzlichem Geld kaufen würde, unterläge bekanntermaßen der 19-prozentigen Steuer. Beim Betanken seines Autos käme neben der Mehrwertsteuer auch noch die Mineralöl- sowie die Ökosteuer und neuerdings auch die CO_2-Abgabe hinzu. Alles, was der Staat seinen Rentnern ausschüttet (oder besser gesagt: von den einbezahlten Rentenbeiträgen eines langen Arbeitslebens zurückgibt), käme nahezu vollständig sofort wieder zurück. Plus übrigens auch an den Steuern, die ohnehin jeder Rentner auf seine Rente bezahlen muss; jeder neue Rentner übrigens immer mehr. Auch da hat man sich vor Jahren schon einige undurchsichtige „Gemeinheiten" einfallen lassen und, unbemerkt vom Volke, beschlossen. Alles nur allmählich, damit das Volk nicht gleich erschrickt.

Nirgendwo sonst in den Industriestaaten sind die Sozialabgaben, die die Arbeitnehmer bezahlen müssen, so hoch wie in Deutschland — so hat die oben erwähnte OECD in einer Studie von 2017 festgestellt. Hingegen liegt die Rentenhöhe auf den hinteren Plätzen. Das Bündnis für Rentenbeitragszahler und Rentner stellt zudem fest, dass die Behauptung, die Rente würde in Deutschland durch Steuerzuschüsse gestützt, eine schlichte Lüge sei. Denn der angebliche Steuerzuschuss sei ein nicht einmal ausreichender Ausgleich für versicherungsfremde Leistungen der Rentenkasse. Es wird auf eine Tabelle der Aktion Demokratische Gemeinschaft München verwiesen, die von über 900 Milliarden Euro nicht gedeckter Kosten für versicherungsfremde Leistungen ausgeht.

Das Bündnis für Rentner hat noch mehr errechnet und auf folgendes verwiesen: Vergleiche man die Anzahl von Pensionären mit jener der Arbeitnehmer, so ergebe sich ein krasses Missverhältnis. Es gebe nur ein Zwanzigstel so viel Pensionäre wie Rentner —

doch die Ausgaben , die der Staat für seine Ruhestandsbeamten aufbringen müsse, entspreche immerhin einem Viertel der Rentenanzahlung. Hinweis für alle Rentner: Die Beamten brauchen ein Berufsleben lang in keine staatliche Rentenversicherung einzubezahlen, beziehen also im Ruhestand weiterhin eine Art „Gehalt vom Staat".

Vielleicht bin ich wirklich ein Stammtischschwätzer, aber mir will nicht so recht in den Kopf, dass man am alten Rentensystem festhält, als sei es ein Gebot Gottes. Während man ansonsten alles und jedes infrage stellt, neu berechnet und Dinge beschließt, die vor 20 Jahren kein Mensch für möglich gehalten hätte, hat niemand den Mut, das Rentensystem aus den 50er-Jahren komplett umzukrempeln. Am Abend des 3. August 2021 hat es eine erlauchte Runde bei Markus Lanz fertiggebracht, eineinhalb Stunden über die Rente zu diskutieren - ohne dass dabei auch nur ansatzweise der Versuch unternommen wurde, über ein völlig neues System nachzudenken.

Irgendein Politiker hat mal bei einer anderen Talkshow vor langer Zeit vorgeschlagen, man möge doch einfach die Mehrwertsteuer um einige Prozentpunkte erhöhen und diese zusätzlichen Einnahmen für die Rente benutzen – anstatt eine Renten-Zwangsversicherung weiter am Leben zu halten? Leider weiß ich nicht, wer der Politiker war. Vermutlich wurde er ebenso schnell wieder aus dem Verkehr gezogen wie jener, der die Steuererklärung auf einem Bierdeckel machen wollte.

Mit der erhöhten Mehrwertsteuer zugunsten der Rente würden alle Bürger gerecht zur Kasse gebeten. Wer es sich leisten kann, etwas Teures zu kaufen, würde auch mehr in die Rentenkasse einzahlen. Das Ganze hat allerdings einen Haken, an dem es gescheitert sein dürfte: Dann würden über den Umweg der Mehrwertsteuer auch Beamte in die Rentenkasse bezahlen. Wetten, dass das keiner in Berlin wirklich will ...?

23
Oh, Heiliger Sankt Bürokratius

Ganz schnell kann es passieren, dass man plötzlich durch alle sozialen Netze fällt. Wer kein Geld mehr hat, wird immer tiefer in einen Strudel gezogen, aus dem er sich nicht mehr aus eigener Kraft befreien kann. Die Pleite des Arbeitgebers, persönliche und familiäre Probleme, ein Unfall oder ein Job, der einen nervlich und physisch kaputt macht – und schon sieht die Welt völlig anders aus, eine Welt, die so unglaublich kompliziert geworden ist. Und gnadenlos. Am augenfälligsten wurde dies während der Corona-Pandemie. Da kamen irgendwelche Wirrköpfe in der Regierung auf die Idee, die Priorisierung zur Impfkampagne durch online-Terminreservierungen vorzunehmen. Online. Und zwar für die Ü 80-Generation. Man reibt sich verwundert die Augen und glaubt noch an Satire: Über 80-Jährige sollen sich per

Computer zu einem freien Impftermin durchklicken. Okay, telefonisch wäre es auch möglich gewesen, aber da hat man sich der allgemeinen Ärzte-Notrufnummer (117 118) bedient, bei der es schon zu Normalzeiten schwierig ist, eine menschliche Stimme ans Ohr zu kriegen.

Ich will jetzt nicht behaupten, dass sich alle über 80-Jährigen mit dem Computer schwertun. Es gibt gewiss welche, die sich mit großem Engagement in die neue Technik vertiefen und auf diese Weise am heutigen online-verrückten Leben teilnehmen können. Aber bei der Impftermin-Vergabe bedurfte es einiger Kenntnisse, die auch Jüngere zur Verzweiflung brachten. Man muss schon ein elektronischer Querkopf sein, um sich jene Homepage einfallen zu lassen, die unübersichtlicher nicht hätte sein können. Oder wollte man auf diese Weise vielleicht den Andrang zum Impfen klein halten, weil ja nie genügend Impfstoff zur Verfügung stand? Sie merken: Ich bin ziemlich misstrauisch geworden. Und auch Sie sollten es sein. Zumindest sollten Sie bei allem über alles nachdenken.

Wer die Systematik eines Computers nie kennengelernt hat, verliert zunehmend den Anschluss an die online-verrückte Gesellschaft. Gnadenlos wird jene Generation beiseitegeschoben, die von Online, Download oder Streaming keine Ahnung hat. Die nicht weiß, was eine pdf- oder jpg-Datei ist, die keine E-Mail verschicken oder empfangen kann oder nicht weiß, wie man ein Dokument per E-Mail versendet. Daran sollten all jene denken, die auf dem hohen

Ross eines IT-Entwicklers sitzen und mit ihrem „Herrschaftswissen" uns alle für dumm verkaufen, beziehungsweise kräftig abzocken, wenn wir ihre Hilfe brauchen. Aber vielleicht steckt auch da ein System dahinter.

Wohin man schaut, unzählige Hinweise auf „www"-Adressen oder auf „Facebook", wo man als Fernsehzuschauer angeblich „mitdiskutieren" kann. Wer all dessen überdrüssig geworden ist und sich durchklickt, anmeldet, sich zertifiziert und authentifiziert, ein Passwort generiert und per SMS einen Bestätigungscode kriegt, wer das Gefühl nicht loswird, dass sich alles im Kreise dreht, weil der wildgewordene Programmierer die Software nur für seinesgleichen erfunden hat, ja, der muss irgendwann feststellen, dass letztlich gar nichts funktioniert. Denn in Deutschland, so scheint es, will man zwar allerorten der schönen neuen Online-Welt huldigen, übersieht dabei aber, dass man weder genügend Experten noch eine leistungsfähige Technik dazu hat. Noch schlimmer ist, dass sich kleine Unternehmer von sogenannten IT-Beratern einlullen und dazu überreden lassen, sündhaft teure digitale Systeme zu kaufen, die hinterher keiner bedienen kann. Aus Corona-Zeiten stammt die Methodik, alles und jedes online zu registrieren. Auch das Mittagessen in der Gaststätte. Nur: Wenn die online-Reservierung des Tisches nicht ankommt oder irgendwie und irgendwo verschwunden ist, wird man als Gast große Augen machen. Möglicherweise hat man auch aus Kostengründen versäumt, das Personal entsprechend zu schulen.

Es grenzt wirklich an Realsatire, wenn man hört, dass sich Gesundheitsämter noch eines Faxgeräts bedienen, anstatt der schnelleren E-Mails. Oder dass zwar mancherorts neue Technologie zur Verfügung stünde, sich aber die Herrschaften in den Amtsstuben weigern, diese „Teufelsgeräte" zu bedienen. Auch in Schulen soll es derlei Online-Verweigerer geben. Da frage ich mich wirklich: Wieso haut da nicht mal eine vorgesetzte Stelle auf den Tisch und ordnet an, was zu tun ist? In der privaten Wirtschaft würde man kurzen Prozess machen: entweder lernen oder raus.

Aber in Corona-Zeiten war es einfach, sich in den Amtsstuben bequem einzurichten: Personalmangel. Weil die einen im Homeoffice waren und den anderen kein üblicher Publikumsverkehr zuzumuten war. Eine von vielen bürgerfeindlichen Folgen: Bei den Kfz-Zulassungsstellen musste man teilweise fast zwei Monate warten, bis man ein Fahrzeug an- oder ummelden konnte. Der Hammer in einem Landratsamt, das ich aus eigener Anschauung kenne: Zumindest dort wurde man ganz offiziell an einen privaten Zulassungsservice verwiesen, der offenbar ausreichend Termine im Voraus reserviert hatte. Für schlappe 138 Euro konnte man die ansonsten lange Wartezeit umgehen. Der Betrag beinhaltete zwar auch die Kennzeichen, aber wer sein Motorrad oder sein Wohnmobil nach der winterlichen Stilllegung neu anmelden wollte, brauchte gar kein neues Kennzeichen ... Da fragt man sich als normaler Bürger:

Wie lange muss man sich derlei Methoden eigentlich gefallen lassen? Warum greift keiner der Politiker ein, die sich ansonsten üblicherweise bei jedem Anlass zeigen und feiern lassen? Und den Bürokratismus stutzen wollen.

Aber der Ärger mit stümperhaftem Service geht weiter: Wenn Sie Bahnfahren oder andere öffentliche Verkehrsmittel nutzen wollen, werden Sie für den Ticket-Kauf entweder an einen dieser völlig unübersichtlichen Automaten der Deutschen Bahn genötigt, oder Sie müssen – wer hätt's gedacht? – online kaufen.

War schon der Automat auf dem zugigen Bahnsteig so dusselig gestaltet, dass mancherorts die Sonne aufs Display knallte und das Display daher nicht lesbar war, so mussten sogar für Senioren Bedien-Kurse angeboten wurden. Die Tickets nun online zu kaufen, ist aber für Ungeübte eine noch größere Herausforderung. Vor allem, wenn man befürchtet, im Tarifdschungel der Bahn nicht die günstigste Lösung zu finden. Ich mag die Jubelchöre der örtlichen Nahverkehrsbetreiber nicht mehr hören, wenn sie behaupten, alles sei doch so klar und bedienerfreundlich. Auch Satire, oder was? Ja, für einen Einheimischen mag das kein Problem sein. Nicht aber für einen Ortsfremden. In manchen Zügen werden nicht einmal die nächsten Haltestationen angezeigt. Und wenn, dann gelegentlich die falschen.

Dies alles geschieht in Kombination mit jenem Heiligen, dem in Deutschland am meisten gehuldigt wird –

dem Heiligen Sankt Bürokratius, Schutzpatron aller Papierfresser, Stempler und Chef aller Lochverstärkungsringe.

Denn was online nicht funktioniert, wird mit Formularen vollends totgeschlagen. Vorreiter ist das Finanzamt, das seine gefürchteten grau-grün-schwarzen Formulare offenbar eingestampft hat und nun seine „Kundschaft" nötigt, alles Online auszufüllen. Waren die Papierformulare bereits ein Meisterstück von dümmlicher Zusammenstellung, Paragrafendschungel und Verwirrung, weil sich nirgendwo eine Spalte fand, in der man das reinschreiben kann, was einem wichtig erschien – so dürften die Onlineformulare nach einem ausgeklügelten System entworfen sein, um den „Steuerzahler" zu desorientieren und ihn durch Verwirrung zu falsch gesetzten Kreuzchen und dem Einsetzen von Zahlen zu drängen, deren nachteilige Folgen erst später erkennbar werden.

Noch ein Beispiel: Antrag auf Rente. Wer nach langem Arbeitsleben seine Rente beantragt, muss sich durch einen über 30-seitigen Formulare-Wust kämpfen. Es ist schon erstaunlich, wem all diese Fragen und Querverweise eingefallen sind, die nur versteht, wer die deutsche Sprache samt Grammatik perfekt beherrscht und eine Ahnung vom Bürokratendeutsch hat. Vermutlich haben sich ganze Stäbe von Bürohockern mit diesem Papierkram eine Daseinsberechtigung geschaffen. Schließlich muss ja jedes einzelne eingereichte Blatt geprüft, kontrolliert, dokumentiert und jede Zahl mehrfach errechnet werden, damit der Renten-Antragsteller auf gar keinen Fall einen Cent zu viel bekommt. Wichtig auch: alles kontrollieren, was die Rente kürzt. Immerhin geht es ja um viele zehntausend Euro. Achtung: Satire. Oder Stammtischgeschwätz ...

Ach ja, beinahe hätte ich es vergessen: Wenn Sie Pech haben, brauchen Sie vor dem Renteneintritt auch noch Ihren Lehrvertrag und ein Arbeitszeugnis von damals. Das hat schließlich jeder griffbereit herumliegen. Aber wenn in Ihren „Rentenjahren" nicht ausdrücklich auch die „berufliche Ausbildung" aufgeführt ist, dann kommen Sie ohne Lehrvertrag in Beweisnot – und der Sachbearbeiter reibt sich begeistert die Hände. Endlich wieder etwas zu beanstanden! Und erneut zu kontrollieren. Und freudig erregt zum Vorgesetzten zu spurten und zu sagen: „Chef, ich hab' ein falsch ausgefülltes Formular entdeckt und den Rentenanspruch um einen Euro gekürzt." Eine tolle Leistung.

Was ich damit sagen will? Die Verkomplizierung und Digitalisierung auf allen Ebenen, gepaart mit Unfähigkeit und systematischer Verdummung ist auch eine Art der Verunmenschlichung – und somit eine Verachtung der Schöpfung. Wer also von der Bewahrung der Schöpfung spricht, sollte nicht nur ans Klima, sondern auch an den Menschen denken. Da gäbe es weitaus mehr zu tun, als nur das CO_2 zu berechnen.

Zum Beispiel, wie viel CO_2 das Lesen eines Buches verbraucht. Welch seltsame Blüten der Hype um

CO2 treibt, konnte ich in einer Kundenzeitschrift eines örtlichen Energieversorgers lesen, in dem offenbar eine ganz gewiefte Redaktionsmannschaft ausgerechnet hat, dass ein Deutscher im Durchschnitt pro Jahr fünf Bücher liest. Gehe man von 200 Seiten je Buch aus, entstünden bei ihrer Herstellung etwa 5,5 Kilogramm CO2. Der Tipp, den die Redaktion gab, ist sensationell: „Geben Sie gelesene Bücher lieber auf Tauschnetzwerken wie Bookcrossing weiter, als sie im Regal verstauben zu lassen. So vermeiden Sie Emissionen, und andere profitieren von Ihrer Literatur." Gerne dürfen Sie dieses Büchlein also weitergeben.

24
Das große Online-Labyrinth

Ich behaupte, dass die Digitalisierung die Menschen naturentfremdet. Dabei denke ich keinesfalls nur an jene, die sich ihre freie Zeit mit Videospielen und Ähnlichem vertreiben, sondern an all jene bemitleidenswerten Menschen, die ihr halbes Leben in gläsernen Bürohochhäusern fristen, um per Mausklick irgendwelche Verwaltungstätigkeiten auszuüben, die keinerlei Produktivität erzeugen. Erst der Computer hat doch die unablässigen Statistiken, komplexen Berechnungen zu abenteuerlichen Finanzkonstrukten und vor allem das unsägliche Controlling möglich gemacht. Kontrolliert wird alles und jedes. Jeder Controller bedarf eines zweiten Controllers, der wiederum den ersten kontrolliert.

Kein Mensch hätte noch vor 30 Jahren so viel rumgerechnet, wie dies heute der Fall ist. Keine Versicherung, keine Bank wäre je auf die Idee gekommen, solch komplexe Vertragsbedingungen und verklausulierte Beiträge zu erheben, beziehungsweise Finanzprodukte anzubieten, die nicht einmal das größte Mathe-Genie mit einem Rechenschieber hätte ausrechnen können. Erst der Computer hat 1.000 Versicherungstarife für ein und dasselbe Ziel möglich gemacht. Denken Sie an die Versicherungsstufen für Ihr Auto. Früher berechnete sich dies nach der Motorenstärke und unfallfreien Jahren. Heute: steht das Auto im Freien, auf dem eigenen Grundstück oder in der Garage? Fahren junge Leute damit oder eher ältere? Es wird sogar gefragt, ob man Hausbesitzer sei, welchen Beruf man habe und ob man verheiratet sei? Bald spielen Autofarbe, Reifen und Innenausstattung noch eine Rolle. Oder ob das Auto oft bei Vollmond gefahren wird. Wenn Sie großes Glück haben, finden Sie einen Versicherungsvertreter, der irgendetwas aus den Bedingungen herauskitzelt, das Ihnen vielleicht günstigere Tarife beschert. Wer glaubt, damit sich im Internet zurechtzufinden, wird sich in Fallstricken verheddern. Was im Übrigen auch für Reisebuchungen im Internet gilt. Okay, falls Sie nur ein Hotelzimmer suchen, das man im Bedarfsfall noch bis zu 24 Stunden vorher ohne Kosten stornieren kann, mag das ja ziemlich komfortabel sein. Aber sobald Sie beginnen, die bunten Kataloge der Reiseveranstalter durchzublättern, werden Sie feststellen, dass es fast eines Betriebswirtschaftsstudiums bedarf, um all die vielen Varianten zu durchschauen, die man miteinander und untereinander verbinden, oder besser: nicht verbinden kann. Dass Ferienzeiten eine Rolle spielen und die Abflugtage, beziehungsweise die jeweiligen Tageszeiten. Manchmal frage ich mich, wann auch noch eine Preis-Kategorie „bei zunehmendem Mond" oder „bei Neumond" eingefügt wird – oder noch besser: immer wenn Vollmond auf einen Zehnten eines geraden Monats fällt. Bei den Superspar-Bahntarifen ist es kaum anders. Das Internet wird niemals die persönliche Beratung ersetzen. Niemals.

25
Finanzamt blickt bei Großen nicht durch

Die Verdigitalisierung der Welt hat die Menschheit gespalten: in die einen, die Algorithmen verstehen und über Daten herrschen, und in jene, die keine Ahnung davon haben. Wer es jedoch versteht, die komplexen, digitalisierten Finanzmärkte für sich zu nutzen, kann entweder auf kaum durchschaubare, aber angeblich legale Weise viel Geld scheffeln, andererseits jedoch auch durch geschicktes Verschleiern Milliarden hin- und herbewegen – vor allem natürlich: am Finanzamt vorbei. Je höher man in den Chefetagen von Politik, Wirtschaft und Banken blickt, desto spannender werden die Fälle dieser Art. Wie war das denn mit Wirecard, jenem Finanzdienstleister, mit dem riesige Beträge versenkt wurden – und kein politisch Verantwortlicher will zuvor etwas bemerkt haben? Oder, noch undurchsichtiger, die Sache mit den CumEx-Geschäften. Ersparen Sie mir bitte, dieses Geflecht zu erklären. Jedenfalls haben hochangesehene und angeblich seriöse Geldinstitute mit Börsengeschäften so lange getrickst, sich gegenseitig Aktien (auch solche, die nur auf dem Papier standen) zugeschanzt, bis beim Finanzamt keiner mehr durchgeblickt hat, und die Beamten, die ansonsten jeden Bürger wegen fehlender Quittungen quälen, immense Steuerrückzahlungen geleistet haben. Für Steuern, die nie zuvor bezahlt worden waren. Von einem Schaden in Höhe von zwölf Milliarden Euro ist die Rede. Legt man bundesweit rund 60 Millionen erwachsene Bürger zugrunde, entfallen auf jeden 200 Euro. Das wäre etwa so, wie wenn ein Räuber Ihnen diesen Betrag stehlen würde. Dann wäre dies natürlich ein Fall für die Kriminalpolizei. Doch bei CumEx?

Und was tut der Staat? Nichts. Man hat wohl versucht, irgendwelche Schlupflöcher zu stopfen – aber offenbar erst, nachdem das Kind bereits in den Brunnen gefallen war. Sollten da etwa Lobbyisten ganze Arbeit geleistet haben? Lobbyisten, von denen es im Reichstagsgebäude und drumherum unglaublich viele gibt. Offiziell sollen sie zwar „nur" die Abgeordneten „beraten". In welchem Sinne sie das tun –

nun ja, darüber darf man gerne spekulieren. Man kann aber vermuten, dass finanzstarke Kräfte mehr Möglichkeiten haben, auf Gesetzentwürfe Einfluss zu nehmen als beispielsweise eine Alleinerziehende, die für einen Hungerlohn arbeitet und finanziell kaum über die Runden kommt. Sie kann sich allenfalls mal an den örtlichen Bundestagsabgeordneten wenden und ihm ihr Leid klagen. Was sie dann zu hören bekommt, kann ich Ihnen sagen: Worte großen Verständnisses, jedoch dann einstudierte ideologisch geprägte Sprüche, sodass die arme Frau am Ende durch die Blume gesagt kriegt, dass sie halt von nichts eine Ahnung habe und bei all ihrer Kritik nur Stammtischgeschwätz vorbringe.

Das ist leider so, seit sich Parteien, die einstens dem „kleinen Mann" (heute muss man ja sagen: und der kleinen Frau) zur Seite stehen wollten, auf Themen stürzen, die davon zeugen, dass die Politiker weiter vom Erdboden abgehoben sind als die Internationale Raumstation ...

Nur wird keiner von dort oben ehrlicherweise funken: „Berlin, wir haben ein Problem."

26
Wie man in die Charts kommt

Die Digitalisierung hat allerdings durchaus ihre positiven Seiten, keine Frage. Aber sie eröffnet unbestritten vielfältige Möglichkeiten für Manipulationen. Denn wer es versteht, diese Technologie zu überlisten und damit zu tricksen, kann damit ziemlich viel Geld verdienen. Zum Beispiel mit den „Charts-Listen" in der Musik. Wer auf seine Werke, die auf Internet-Plattformen angeboten werden, viele Mausklicks auslöst, partizipiert vom großen finanziellen Kuchen der Musikindustrie. Doch wer da glaubt, die daraus resultierenden „Charts-Listen" würden den Musikgeschmack Millionen von Menschen widerspiegeln, unterliegt einem Irrtum. Ich hab mich ohnehin gewundert, dass insbesondere Rapper mit ihren wüsten Texten und dem, wovon sie behaupten, es sei Musik, immer ganz oben auf den Hitlisten stehen. Inzwischen weiß ich: Nicht selten stecken clever eingefädelte Manipulationen dahinter. So hat der renommierte Autor Hajo Schumacher, studierter Journalist, Politologe und Psychologe und einst Spiegel-Redakteur, einmal festgestellt: „Die Musikcharts entstehen seit jeher so seriös wie Weltranglisten im Boxen." Hatten früher die Fans von Schlagersängern unzählige Postkarten an die Hitparaden der Fernseh- und Radiosender geschickt, um ihre Idole an die Spitze zu treiben, so sind es jetzt Hacker, die die Musikportale austricksen, in denen für eine Monatsgebühr beliebig viele Titel gestreamt werden können – und dies per computer-programmierter Endlosschleife und unzähliger Helfer, die zudem auch bei Youtube bestimmte Werke tausendfach abrufen. Autor Schumacher stellt die eher rhetorisch gemeinte Frage: „Warum steht eigentlich

so mancher Gangster-Rapper einem Clan nahe?"
Über den Inhalt der Rapper-Texte möchte ich mich
nicht auslassen. Allerdings verwundert es mich bisweilen, was alles unter dem Begriff „Kunst" läuft und
demnach den Staatsanwalt nicht interessiert. Vielleicht liegt es auch daran, dass diese sogenannte
Musik bisweilen so laut ist und den Gesang glücklicherweise in den Hintergrund drängt. Interessan-
terweise hat ein Provinz-Amtsrichter, vor dem sich
junge Schläger verantworten mussten, nicht glauben
wollen, dass ein bei ihnen sichergestellter Whats-
App-Chat doch bloß einem Rapper-Song entnommen
sein sollte: „Die Hurensöhne haben den Tod ver-
dient." Im Gegensatz zu dem Richter kann ich mir
durchaus vorstellen, dass es ein Zitat aus einem
Rapper-Song war.
Ich mag jedenfalls nicht darüber nachdenken, wie
derlei Song-Inhalte auf pubertierende und haltlose
junge Männer wirken, die alkohol- oder drogenge-
schwängert ihr Imponiergehabe zur Schau stellen
wollen.
In der Vergangenheit, als noch nicht gestreamt und
geklickt wurde, soll es übrigens auch schon merkwürdige Versuche gegeben haben, Hitparaden (man
sprach damals ja noch nicht von „Charts") zu manipulieren – indem nämlich die Musiker und Sänger
selbst große Mengen ihrer eigenen Platten aufgekauft haben, um auf diese Weise große Nachfrage
vorzutäuschen. Man darf gerne darüber spekulieren,
ob nicht auch Plattenfirmen selbst bestimmte Plat-

ten über den Handel wieder aufgekauft haben …

Als ich von derlei zweifelhaften Methoden erfahren habe, konnte ich mich des Eindrucks nicht erwehren, es könnte auch bei der Literatur so sein – wenn beispielsweise das eine oder andere Buch innerhalb kürzester Zeit in den Bücher-Charts nach oben schießt. Kann sein, dass eine super-tolle Marktstrategie des Verlags dahinter steckt und die Bücher – warum auch immer – an sehr prominenter Stelle in den Geschäften präsentiert werden. Niemand vermag auch so recht zu sagen, was bitte genau ein „Bestseller" ist? Eine Millionenauflage oder nur ein paar Tausend? Oder eher halt das, was von den Medien gepuscht und von Markus Lanz in seiner Talkshow häufig mit einem Lob an den Autor so hervorgehoben wird: „Da ist Ihnen ein gutes Buch gelungen."

Überhaupt lohnt es sich, einmal darüber nachzudenken, wie es zu einem Buch kommt. Im Zeitalter des Computers drängt es viele Menschen zum Schreiben. Sowohl solche, die talentiert sind, als auch jene, die sich schwer damit tun und trotzdem meinen, die Literaturszene bereichern zu müssen. Handwerklich ist Schreiben am Laptop kein Problem mehr. Man kann hinzufügen, streichen, ergänzen – ohne wie früher an der nostalgischen Schreibmaschine etwas „aus-ixen" zu müssen oder mit Tipp-ex zu überpinseln. Oft genug schon habe ich mir überlegt, wie mühsam es damals gewesen sein muss, ein Buch zu schreiben. Wie wurde da lektoriert, korrigiert und ergänzt? Wie oft ein Absatz komplett umgeschrieben?

Heute geht das ruck-zuck per Datenübertragung hin und her. Kein Wunder, dass alljährlich allein auf der Frankfurter Buchmesse nahezu 90.000 Neuerscheinungen präsentiert werden. Wohl gemerkt: 90.000 komplette Buchtitel. Nicht Exemplare!

Was die Verlage angenommen haben, ist vermutlich nur ein kleiner Teil dessen, was ihnen zugesandt wurde. Dass viele tolle Geschichten unter den Tisch fallen, lässt sich nicht vermeiden. Viele Autoren schaffen es nicht, wahrgenommen zu werden. Ihnen ergeht es nicht anders wie den Sängern, Textern, Komponisten und Musikern: Wenn sich niemand findet, der das Werk oder den Künstler „entdeckt", also bereit ist, ihm eine Chance zu geben, bleibt das Talent im Verborgenen. Oft sind es Zufälle, die den Durchbruch bringen.

Letztlich kommt es auf den geeigneten Verlag an. Dort, so darf vermutet werden, entscheiden oft die persönlichen Einstellungen der Verantwortlichen über das Wohl und Wehe eines Manuskripts. Sitzen dort nur naturentwöhnte Menschen, wird man kaum mit einem Thema über die Schöpfung ankommen – es sei denn, der Inhalt passt in das ideologische Weltbild der Zuständigen. Ganz besonders schwer tut man sich hierzulande mit Geschichten, die nicht zu den anerkannten Schulweisheiten passen. Denn was sich nicht eindeutig erklären lässt oder gar irgendwie mystisch klingt, wird nur schwerlich Befürworter finden – mag es noch so gut recherchiert und dokumentiert sein. Da werden dann doch eher absonderliche Biografien von drittklassigen Stars und Sternchen aufgegriffen. Und dies, obwohl – wie ich aus persönlicher Erfahrung weiß – unglaublich viele Menschen für Themen aus sogenannten grenzwissenschaftlichen Bereichen aufgeschlossen sind. Diese Leser werden jedoch sowohl von vielen Verlagen als auch von den Medien einfach ignoriert. Es bleibt halt kein Platz fürs Unerklärliche, schon gar nicht fürs Jenseitige. Was zählt, ist eben nur das Materielle. Oft auch das Nackte und Schlüpfrige.

Am Rande sei erwähnt, dass Sie natürlich Ihr Buch auch selbst verlegen können. Allerdings sollten Sie bei entsprechenden Angeboten darauf achten, welche Kosten auf Sie zukommen. Vor einer Beteiligung an den Druckkosten rate ich jedenfalls ab. Um überhaupt wahrgenommen zu werden, nützen Ihnen einige Hundert Bücher nichts. Ihr Werk muss auch in entsprechenden Handelslisten geführt werden. Vergessen Sie die Idee, selbst zu Buchhändlern zu gehen und ihnen Ihr „sensationelles Buch" anzubieten. Vermutlich werden Sie mitleidig belächelt.

27
Bibel ist ein echter Bestseller

Trotz aller Vorbehalte zum Übersinnlichen und Unerklärlichen gibt es einen echten „Bestseller" zu diesem Thema: Die Bibel. Laut der Internet-Enzyklopädie Wikipedia ist sie das „am häufigsten gedruckte und publizierte und in die meisten Sprachen übersetzte schriftliche Werk der Welt." Auch wer mit dem Inhalt nichts am Hut hat oder sich mit der bildhaften Sprache insbesondere des Alten Testaments schwertut, sollte sich zumindest ein bisschen damit auseinandersetzen.

Die Bibel wird nicht nach Seitenzahlen, sondern nach Buch, Kapitel und Vers zitiert. Die vermutlich bekannteste Passage, die auch kirchenferne Menschen schon mal gehört haben dürften, ist gewiss das Weihnachtsevangelium nach Lukas, das mit den Worten beginnt: „Es begab sich aber zu der Zeit, dass ein Gebot von dem Kaiser Augustus ausging, dass alle Welt geschätzt würde. Und diese Schätzung war die allererste und geschah zu der Zeit, da Quirinius Statthalter in Syrien war. Und jedermann ging, dass er sich schätzen ließe, ein jeder in seine Stadt." So schildert jedenfalls der Evangelist Lukas, was vor Jesus' Geburt geschehen ist. Der Autor ist einer von vieren, von denen jeder aus eigenem Blickwinkel das Leben von Jesus schildert. Die drei anderen sind Markus, Matthäus und Johannes. Wobei Markus und Johannes ihre Erzählungen zu Jesus erst mit dessen Taufe beginnen lassen.

Somit stellt sich natürlich die Frage, was man über die vier Evangelisten überhaupt weiß. Man kann davon ausgehen, dass keiner von ihnen Jesus persönlich kannte.

Auch wenn das jetzt manchen Leser schockiert, der sich bisher nie kritisch mit der Bibel auseinandergesetzt hat, so geht trotzdem kein Weg an der Feststellung vorbei, dass die Niederschriften frühestens 30 Jahre nach dem Tode von Jesus verfasst wurden. Laut Wikipedia hat man die Geschichte bis dahin nur mündlich überliefert. Nun mag man ja durchaus einwenden, wie es sein kann, dass dann so viele Details und sogar wörtliche Zitate aufgeschrieben wurden. Man stelle sich nur mal vor, man würde heutzutage etwas Spektakuläres erleben – nehmen wir einfach an, dass wir die Auftritte des durchaus charismatischen Ex-US-Präsidenten Barack Obama persönlich erlebt hätten, ohne auch nur ein einziges Wort zu notieren. 30 Jahre lang würden wir uns zwar an besonders markante Reden, Formulierungen und Beschlüsse erinnern, aber selbst wenn wir weitere Zeitzeugen hinzuziehen könnten, wäre es fast unmöglich, das Gesehene und Gehörte in allen Details wiederzugeben. Okay, wir sind es heutzutage nicht mehr gewohnt, uns alles merken zu müssen, weil wir jederzeit auf Schriften, Videos und Tonaufnahmen zurückgreifen können. Doch auch die Menschen zur Zeit von Jesus´ Geburt waren gewiss keine Erinnerungskünstler. Allerdings geht man wohl davon aus, dass die vier Evangelisten eigenständige Autoren waren und keiner einen bereits bestehenden Text korrigiert und ergänzt hat (auch dies nachzulesen bei Wikipedia). Man wird deshalb einigermaßen guten Gewissens daraus schließen können, dass die Schil-

derungen auf ein außergewöhnliches Ereignis zurück-
gehen, das die Menschen damaliger Zeit sehr beeindruckt hat.
Tiefer möchte ich in diese Thematik nicht einsteigen – denn, wie ich schon sagte: Ich möchte Sie zu
nichts bekehren, sondern nur zum Nachdenken anregen.

28
Gedanken zu Weihnachten

Weil kein anderes christliches Fest so emotional
gefeiert wird – auch von Menschen, die eher kir-
chenfern sind, möchte ich Sie ein bisschen näher mit
Weihnachten befassen. Denn leider geht im allgemeinen adventlichen Kaufrausch und dem Medien-
Hype die Bedeutung des Festes vollständig verloren.
Wer weiß schon, was wirklich dahinter steckt? Als
Journalist habe ich mich im Rahmen einer Serie
über die christlichen Feiertage einmal ausführlich
mit einer Dekanin unterhalten und mehrere für Laien
verständliche Artikel geschrieben (erschienen in
meinem Büchlein Feiertage im Jahreskreis, Manuela
Kinzel Verlag Göppingen, ISBN 3-934071-67-8).
Das Kapitel „Weihnachten" möchte ich an dieser
Stelle zitieren:
Tag und Jahr weiß niemand so genau – doch vor rund
2000 Jahren ist etwas geschehen, was die Welt
verändert hat: Ein Kind wurde geboren, das für gro-

ßes Aufsehen sorgen sollte. Die Begleitumstände deuteten darauf hin, dass es jener „König" sein würde, den die Propheten angekündigt hatten.

Wie's wirklich war, weiß niemand. Gerlinde Hühn, Dekanin im schwäbischen Geislingen an der Steige, gibt zu bedenken, dass vieles, womit die Geburt Jesus' heute ausgeschmückt wird, erst später hinzugekommen ist. Die Bibel, eine Sammlung überlieferter Texte, erwähne jedenfalls nicht all jene Details, die sich in weihnachtlichen Krippen fänden. Die Volksfrömmigkeit vergangener Jahrhunderte habe die Spuren hinterlassen – auch mit Christbaum und Adventskranz.

Dass die Geburt dieses Kindes Aufsehen erregt hat, ist jedoch unbestritten. Der Evangelist Lukas, einer von vieren, die Jahrzehnte später das Lebens Jesus' nachgezeichnet haben, schildert die nächtliche Situation bei den Hirten auf dem Feld bei Bethlehem: „Da trat der Engel des Herrn zu ihnen, und der Glanz des Herrn umstrahlte sie. Sie fürchteten sich sehr, der Engel aber sprach: Fürchtet euch nicht, denn ich verkünde euch eine große Freude, die dem ganzen Volk zuteilwerden soll: Heute ist in der Stadt Davids der Retter geboren. Er ist der Messias, der Herr."

Freilich, nur Lukas hat – wohl mehrere Jahrzehnte nach dem Geschehen – detailliert aufgezeichnet, was bis dahin nur mündlich überliefert wurde. Hingegen hat Matthäus die Geburt weitaus kürzer abgehandelt, Markus und Johannes haben ihr sogar

keine einzige Zeile gewidmet. „Als die ersten Zeitzeugen wegstarben, hat man begonnen, die Geschichte aufzuschreiben", erläutert Dekanin Hühn.
Doch auch einige Jahrzehnte danach seien die prä-
gnanten Aussagen Jesus´ noch in der Überlieferung
lebendig gewesen, zumal die Menschen damals nicht
von Medien dauerberieselt worden seien.

Die Bibel, so gibt Hühn zu bedenken, sei ein „men-
schliches Buch", also aus Überlieferungen und alten
Texten zusammengestellt, dabei auch ausgeschmückt und zum Verständnis der Leser früherer
Zeiten in bildhafter Sprache verfasst. Ein literari-
sches Werk also, kein wissenschaftliches. Wie ein
Tatsachenroman, der in verdichteter Weise eine
Geschichte erzähle. Die Bibel lasse Spielraum für
Auslegungen: „Man muss das Wort in den Wörtern
entdecken", sagt Hühn und verweist im Gegensatz
dazu auf den Koran, der den Moslems „gottgegeben"
und somit unangreifbar erscheine.

Über Jesus´ Jugendzeit schweigt sich die Bibel
weitgehend aus. Lange bevor er als Prediger durchs
Land zog und später Wunder bewirkte, dürfte er
den Beruf seines Vaters erlernt und Zimmermann
geworden sein, aber auch eine religiöse Ausbildung
absolviert haben, meint Hühn. Später jedoch hat er
mit seinen Reden und Heilungen für Aufsehen gesorgt. Er habe es aber nicht getan, um sich zu bereichern oder gar prominent zu werden, sondern, um
den Armen zu helfen. Jesus´ Wirken sei oft im Verborgenen geschehen – für die Dekanin mit ein Be-

weis dafür, dass man keinem Scharlatan aufgesessen sei, der sich nur habe wichtigmachen wollen. Er habe es sogar meist vermieden, spektakuläre Dinge zu zeigen. Jesus wäre wohl nie im Fernsehen aufgetreten.

Im Rückblick, so erläutert Hühn, hätten die Evangelisten also in der Geburt dieses Jesus´ die Prophezeiungen aus alter Zeit als erfüllt gesehen. Im vierten Jahrhundert sei in Rom schließlich das Christfest eingeführt worden – terminiert auf das heidnische Fest der Wintersonnenwende („Fest der unbesiegbaren Sonne"). Wie überhaupt viele heidnische Feste und Orte christlich angereichert worden seien und eine neue Bedeutung erhalten hätten.

Den Heiligen Abend bezeichnet die Dekanin als eine der „erfolgreichsten Veranstaltungen der Kirche". Die Gottesdienste seien, vielerorts zu später Stunde, sehr gut besucht – sozusagen zum Abschluss des traditionellen Familientreffens. An diesen Tagen komme die Sehnsucht nach Geborgenheit und Sicherheit ganz besonders zum Ausdruck – zumal es im Alten Testament und in seinen Weissagungen eine Vielzahl von Berichten über Kriege und Heimatvertreibung gebe. Gerade in unsicheren Zeiten, wenn die soziale und finanzielle Situation schwieriger werde, suchten die Menschen Halt „bei einer höheren Instanz".

Dass die Geschenke angesichts des sinkenden Lebensstandards möglicherweise kleiner ausfallen, ist für die Dekanin eher von Vorteil. „Mit Herz schenken ist besser, als sich ,freizukaufen'", gibt sie zu bedenken. Allerdings gehöre das Schenk-Ritual durchaus zu diesem Fest. Schließlich habe Gott den Menschen seinen Sohn geschenkt. Hühn: „Christ ist, wer sich von anderen etwas schenken lässt – und dann aus Dankbarkeit auch etwas gibt." Die Spendenaktionen für Hilfsbedürftige seien eine gute Gelegenheit dafür.

29
Zur Hierarchie der Engel

Und wie sieht es nun mit den Engeln aus, die in der Weihnachtsgeschichte ja auch auftauchen? Sozusagen Anton, Berta und die vielen anderen, die unsichtbar um uns herumschwirren? Lassen Sie mich Wikipedia zitieren, dessen Wissen bekanntermaßen von unzähligen Ehrenamtlichen auf der ganzen Welt sehr sorgfältig zusammengetragen und geprüft wird, unbeeinflusst von bezahlten Werbebotschaften. Demnach sind Engel himmlische Geistwesen in Menschengestalt, die „in den Lehren der monotheistischen abrahamitischen Religionen des Judentums, Christentums und Islams von Gott erschaffen" wurden, diesem untergeordnet sind und dessen Botschaften den Menschen übermitteln.
Klingt kompliziert – und wird noch komplizierter, wenn man die zwölf Erzengel hinzunimmt, neben denen es auch noch die Cherubim und Seraphim geben

soll, die in der Bibel als Gestalten mit vier, beziehungsweise sechs Flügeln geschildert werden und die den Himmelsthron und den Garten Eden bewachen. Cherubim sind von hohem Rang und für besondere Aufgaben gedacht, während Seraphim eine menschliche Gestalt annehmen.

Es geht noch weiter: In den Überlieferungen werden auch unheilbringende Engel, Gerichtsengel und - glücklicherweise - Schutzengel erwähnt, also mein Anton und meine Berta.

Ach ja, damit wir auch dieses Thema gender-gerecht abhandeln: Engel sind offenbar geschlechtslos, obwohl sie in der deutschen Sprache maskulin sind – es also „der" Engel heißt. Aber es gibt weder einen Engelrich noch eine Engeline. Die Gender-Fanatiker werden's dankbar aufnehmen.

Sie dürfen jetzt gerne weiterblättern, wenn Ihnen das zu viele Engel sind. Andererseits wäre es vielleicht dienlich, ein bisschen über diese Geistwesen Bescheid zu wissen, wenn das Stammtischgeschwätz wieder einmal abfällig über sie befindet.

Deshalb sei es mir erlaubt, die unsichtbare Welt der Geistwesen noch ein bisschen genauer zu beleuchten. Denn in der Hierarchie des „Himmels", wie sie in alten Schriften überliefert und möglicherweise von menschlicher Fantasie zurechtgebogen wurde, gelten Erzengel als jene, die eine führende Rolle einnehmen. Sie überbringen dem Volk göttliche Beschlüsse, während die normalen Engel für einzelne Menschen zuständig sind.

Die Namen der bedeutendsten Erzengel tauchen immer wieder auf: Michael und Gabriel. Sie werden als Führer des himmlischen Heeres betrachtet, wobei Michael zu den mächtigsten Wesen im Universum gezählt wird. Der Chef sozusagen.

Man mag es glauben oder auch nicht, man mag Esoteriker sein oder an allem zweifeln – aber staunen darf man auf jeden Fall über die Darstellung der „himmlischen Heerscharen", die selbst einem Gläubigen einiges abverlangen. Denn da sind auch noch die „gefallenen Engel", also jene, die aus den himmlischen Sphären verbannt wurden. Das hört sich so an, als sei auch im Himmel die Welt nicht ganz in Ordnung. Und diese Ausgestoßenen, so wird erzählt, nehmen die Gestalt von Teufeln, Satanen, Dämonen oder gar Menschen an. So gesehen, könnte sich hinter manchem menschlichen Unheilsbringer doch tatsächlich ein verkorkster Engel verbergen.

Es heißt sogar, dass Luzifer, der Höllenfürst, ein gefallener Engel sei, der sich der göttlichen Herrschaft überhaupt nicht habe unterordnen wollen. Eine gruslig-nette Geschichte, die jedoch ziemlich menschlich-erfunden daherkommt. Man darf gewiss daran zweifeln, ob die große Kraft des Universums ein derlei weltlich erscheinendes Szenario aufführt. Aber wer an Engel glaubt, kommt an diesen Geschichten nicht vorbei. Wahrscheinlich ist es wie bei vielen Schilderungen und Gerüchten: Ein bisschen was Wahres wird schon dran sein. Auch wenn sich

die Engels-Hierarchie sehr menschengemacht an-
hört.

Vielleicht ist aber auch Ihnen schon ein guter Engel
in Menschengestalt begegnet. Wer weiß schon genau,
wer einem in einer bestimmten Notlage hilft! Mir
mutet es heute noch seltsam an, dass ich an einem
nebligen späten Dezembernachmittag bei beginnen-
der Dämmerung im Donauried unweit von Ulm mehrere Mal einem Radler begegnet bin, während ich mich
in dieser weiten Ebene ohne Navi und Landkarte
ziemlich verirrt hatte. Jedes Mal konnte ich den
Unbekannten fragen, welcher der vielen Wege nun
wirklich zurück nach Langenau führe. Alles Zufall?
Vielleicht sind ja auch Sie schon mal plötzlich einem
Helfer begegnet, als Sie in Not waren. Muss ja nicht
gleich ein Engel sein. Aber vielleicht wurde diese
Person geschickt...

30
Zufälle - oder was sonst?

Gibt es Zufälle? Oder ist alles irgendwie gesteuert
und gewollt? Wenn man Lotto spielt, stehen die
Chancen auf einen Hauptgewinn etwa eins zu 15 Millionen. Wie groß ist dann die Wahrscheinlichkeit,
dass man außerhalb der Urlaubssaison in der einzigen Kneipe eines verschlafenen Bergdorfes einen
ehemaligen Arbeitskollegen trifft, den man seit rund
zehn Jahren nicht mehr gesehen hat? Oder dass

man als Gelegenheits-Zugfahrer just in jenes Abteil zusteigt, in dem bereits seit mehreren Stationen eine alte Bekannte sitzt? Oder dass man in Dresden um eine Hausecke biegt und einer Urlaubsbekanntschaft gegenübersteht, die man vor mehr als 15 Jahre zuvor bei einer USA-Reise kennengelernt hat und die irgendwo im Schwarzwald wohnt und just an diesem Tag auch die gerade sortierten Trümmer zum Wiederaufbau der Dresdner Frauenkirche besichtigt? Alles mir widerfahren. Man fragt sich natürlich, was solche Zufallsbegegnungen zu bedeuten haben.

Oder was es mit der Zahlenmystik auf sich hat. Ein Beispiel dafür hat mir eine Bekannte geschildert, in deren Leben die Zahl 12 eine große Rolle spielt.

Am 12. April 2013 macht sie mit ihrem Ehemann einen Ausflug in jene Gemeinde, in der zu diesem Zeitpunkt eine Frau stirbt - und zwar nur ein paar Straßen von jener Stelle entfernt, an der sie sich aufhalten. Noch kann meine Bekannte nicht ahnen, dass gerade etwas zu Ende gegangen ist, was für sie in diesem Ort einen neuen Anfang bedeuten würde. Zu diesem Zeitpunkt ist noch nicht geplant, dass sie sich im September nach einem Urlaub von ihrem Ehemann trennen würde. Und doch geschieht es so. Weil sie aus dem gemeinsamen Haus ausziehen will, stößt sie bei der Suche nach einer Wohnung auf ein Zeitungsinserat - just am 12. September. Darin wird eine Mietwohnung angeboten - und zwar in eben jenem Ort, in dem sie im Frühjahr mit ihrem Ex-Ehemann gewesen war.

Sie trifft den Besitzer und ist verwundert: In der angebotenen Wohnung hatte der Beisitzer bis zum Tode seiner Frau am 12. April gelebt. Das Staunen meiner Bekannten geht weiter - denn der Mann hat am selben Tag Geburtstag wie sie - am 12. Dezember. Was folgt, ist eine gemeinsame Geburtstagsfeier, bei der eine weitere Merkwürdigkeit entdeckt wird: er ist an diesem Tag 65, sie 56 - ein „Zahlendreher" also.

Stilvoll dann am 12. Mai eine Einladung „zum Italiener", die für meine Bekannte zu einem freudigen Erlebnis wird: „Mit dem Aperitif haben wir auf unsere Freundschaft angestoßen." Aber die Zahlenmystik geht noch weiter: Einige Enkel der beiden sind jeweils an einem 10. Juli geboren.

Dass der Zwölfte Glück, der Dreizehnte aber Unglück bringen kann, erfahren sie an einem Freitag, dem 13, während der Fahrt in einen Kurzurlaub: schon nach fünf Kilometern bleibt das Auto stehen, das sofort in die Werkstatt muss. Also das Gepäck in einen Ersatzwagen umgeladen - aber dann zehn Kilometer vor dem Ziel ein zweistündiger Stau. Rückblickend meint die Frau: „Mir ist noch nie spontan ein Auto kaputt gegangen, ich bin noch nie zwei Stunden auf der Autobahn rumgestanden. Lag es etwa doch am Freitag, dem Dreizehnten?"

Wer freilich kein Gespür für etwas Unerklärliches hat, wird wie selbstverständlich darüber hinweggehen.

Außerdem wagen nur die wenigsten Menschen, öffentlich über seltsame Begegnungen oder Erlebnisse zu reden. Wenn sie beispielsweise durch eine Vorahnung vor einem Unglück bewahrt wurden. Wobei es natürlich schwierig ist, zwischen ängstlicher „Einbildung" und einer „Eingebung" zu unterscheiden. Wer Flugangst hat, wird sich vor jedem Urlaubsflug einreden, dass die Maschine abstürzt – ohne dass dies dann wirklich geschieht.

Gewiss hat jeder schon mal erlebt, wie eine bedrohliche Situation gerade nochmal gut gegangen ist. Mag es der feste Glaube an einen Schutzengel gewesen sei – oder eben auch nur ein glücklicher Umstand. Niemand wird dies hinterher wissenschaftlich beweisen können. Doch dass positive Gedanken und eine entsprechende innere Einstellung – manche mögen „Gebete" dazu sagen – etwas bewirken können, ist kein Aberglaube. Sogar in der Medizin gibt es Beispiele dafür, dass Arzneimittel ohne Wirkstoffe (sogenannte Placebos) Linderung verschaffen, wenn der Patient der Überzeugung ist, ein ganz besonders gutes Medikament verordnet bekommen zu haben.

Wer sich vor einem anstrengenden und nervenaufreibenden Termin morgens im Bett die gefürchtete Situation vor Augen führt und sich schon dem Gefühl hingibt, wie erleichternd es sein werde, wenn alles gut verlaufen würde, hat schon einen wichtigen mentalen Schritt getan. Diese Weisheit stammt

übrigens nicht von mir, sondern ist vielfach nachzulesen.

31
Jenseits und Wiedergeburt

Man sollte als mündiger Bürger eben nicht nur übers
Politische nachdenken, sondern in stillen Stunden
auch mal über „Gott und die Welt". Wer jedoch im
Internet nach Unerklärlichem und Mysteriösem
sucht, wird zwar sehr schnell fündig, doch ist es so
gut wie unmöglich, Seriöses von Unseriösem, Schar-
latane und selbst ernannte Gurus und Propheten von
ernst zu nehmender Forschung zu unterscheiden.
Man wird eher irritiert und verwirrt, als informiert.
Klarer Fall: Die einen, die den Schulweisheiten frö-
nen, wischen alles vom Tisch, was sich nicht erklären
lässt – und die anderen kommen mit allerlei Verschwörungstheorien oder abenteuerlichen, nicht be-
weisbaren Geschichten und sonstigen dubiosen Behauptungen daher. Wo genau der Mittelweg ist, lässt
sich schwer durchschauen.
Ich jedenfalls bin felsenfest davon überzeugt, dass
es unter der Vielzahl von Spuk-, Geister- und Jen-
seitsgeschichten tatsächlich wahre Begebenheiten
gibt. Wer nur etwas vom Hörensagen weiß und jemanden kennt, der jemanden kennt, der etwas Uner-

klärliches erlebt hat, braucht gleich gar nicht ernst genommen zu werden.

Nur was hieb- und stichfest nachrecherchiert wurde, wofür es Zeugen gibt, die auch namentlich zum Gesagten stehen, kann als glaubhaft eingestuft werden.

Einen solchen Fall habe ich selbst mehr als drei Jahre lang recherchiert und bin letztlich zu der Überzeugung gelangt: Ja, das war so. Denn es gibt nicht nur die eine Person, die es erlebt hat, sondern ziemlich viele, die das Behauptete bis ins letzte Detail bestätigen konnten. Sie alle stehen namentlich und sogar mit Fotos dazu. Unter ihnen ein ehemaliger Schulleiter, ein Klosterbruder und Angehörige jener Familie, in der es sich zugetragen hat. Zusammen mit dem, der es erlebt hat, nämlich dem Finanzbeamten Udo Wieczorek aus der Gegend von Ulm, habe ich das Ereignis in dem Buch Seelenvermächtnis geschildert (Gmeiner Verlag, Meßkirch, ISBN 978-3-8392-1782-5). Ich darf mit Fug und Recht sagen, dass wir mit kritischer Distanz dem Ereignis nachgespürt haben. Sehr genau nimmt es auch Dieter Hassler, der inzwischen mehrere beeindruckende Fälle von möglichen Wiedergeburten recherchiert und einige sehr fundiert geschriebene Bücher verfasst hat – unter anderem Indizienbeweise für ein Leben nach dem Tod und die Wiedergeburt (Shaker Media GmbH Düren, ISBN 978-3-95631-796-5). Er betreibt sogar eine eigene

Homepage, die sehr viel Informatives zu diesem Themenbereich enthält (www.reinkarnation.de).

In unserer Dokumentation Seelenvermächtnis war Udo Wieczorek und mir der Hinweis wichtig, dass wir niemanden von etwas überzeugen wollen – also auch nicht von Wiedergeburt –, sondern dass wir nur zum Nachdenken anregen wollen. Dass es eben Dinge gibt, die man nicht erklären kann.

Und darum geht es – in aller Kürze erzählt: Udo Wieczorek, 1970 geboren, hatte in Kindheitstagen ganz schlimme Träume von einem Krieg in den Bergen. Als sich dies im Jugend- und Erwachsenenalter auf dramatische Weise wiederholte, ging er der Sache auf den Grund und stellte fest, dass seine Träume im Ersten Weltkrieg in den Dolomiten spielten. Er entdeckte tatsächlich den Schauplatz und jenen Schützengraben, aus dessen Perspektive heraus er den Horror des Krieges im Traum erlebte. Er entdeckte aber hinter der Natursteinmauer des Grabens noch mehr: ein Dokument, das ein im Sterben liegender Soldat „dem Mann in der Zukunft" widmete, den er für eine „Schandtat" um Verzeihung bat. Anhand des Namens, den der Verfasser mit „Vinz" angab, und dem Datum (15. August 1915) gelang es, die Personalien dieses Soldaten und seine Nachkommen ausfindig zu machen. Aus den Träumen schließt Wieczorek, um welche „Schandtat" der Soldat um Verzeihung bat: Er hatte offenbar an der Front versehentlich seinen besten Freund erschossen.

Wieczorek glaubt, dass er selbst dieser „Vinz" war. Warum gerade er dieser Seele so nahesteht, bleibt rätselhaft.

Mit diesen wenigen Sätzen ist jedoch der komplexe Fall nicht zu schildern. Wenn Sie mögen, können Sie alles in unserer Dokumentation Seelenvermächtnis ausführlich nachlesen – einschließlich unsere Recherche im Südtiroler Hochpustertal, unweit der berühmten Drei Zinnen.

Es gab einige Kritiker, die behaupteten, ich hätte nun eine spannende Gruselgeschichte um Wiedergeburt erfunden, weil es mit meinen Krimis, die ich üblicherweise schreibe, nicht so recht geklappt habe (was im Übrigen eine böswillige Unterstellung ist). Andere drückten sich zwar gepflegter aus, ließen aber sinngemäß durchblicken, dass sie weder den Autoren noch den zitierten Zeugen Glauben schenken wollen.

Bei unseren Lesungs-Abenden, bei denen wir das Buch inzwischen mehrfach öffentlich vorgestellt haben, gab es jedoch keinen einzigen Besucher, der uns der Lüge bezichtigen wollte. Ganz im Gegenteil: In den Pausen und nach der Veranstaltung wurden uns jede Menge unglaubliche Erlebnisse anvertraut. Jedes für sich wäre es wert, es genauso sorgfältig zu recherchieren. Sehr häufig tauchen Schilderungen von Geschehnissen auf, die im Zusammenhang mit dem Tod eines nahestehenden Menschen standen. Während des Zweiten Weltkrieges sollen sich

Gefallene in der Stunde ihres Todes auf merkwürdige Weise bei den Eltern „gemeldet" haben.

Dass ich mich selbst für derlei Themen interessiere, geht auf ein Erlebnis zurück, das ich 1962 hatte, damals noch keine elf Jahre alt. Es war die Zeit, als meine Oma mütterlicherseits in einem Aussiedlerhof auf der Schwäbischen Alb schwer erkrankte und sich deshalb die ganze Verwandtschaft jeden Sonntag dort versammelte. Dazu muss man wissen: Die Oma wohnte in dem damals neuen landwirtschaftlichen Anwesen einer ihrer beiden Töchter (meine Tante) und dessen Mann. Das Haus war so konzipiert, dass das Wohnen aller Generationen im Erdgeschoss stattfand: vorne, bei der Eingangstür, die Küche, dann Ess- und Wohnzimmer und anschließend das Schlafzimmer der Landwirts-Eheleute. Ging man den gefliesten Gang weiter, kam man zum Wohnbereich der Großeltern. Eine der Türen führte ins Schlafzimmer der Oma, in dem sie im Krankenbett lag.

Als die ganze Familie an einem Sonntagnachmittag vorne im Esszimmer beisammen saß, wurden alle im Raum vom metallisch scheppernden Öffnen der Haustür aufgeschreckt, das durch den Flur hallte. Es hörte sich jedenfalls so an, als sei jemand gekommen, denn sogleich waren auf dem Steinboden feste Schritte zu vernehmen, die sich zunächst der geschlossenen Esszimmertür näherten, dort aber abdrehten und in Richtung der großelterlichen Zimmer verhallten. Ich kann mich noch genau an die plötzliche Ratlosigkeit entsinnen. Dass jemand unangekündigt und ohne zu klingeln ins Haus kam, war damals auf einem landwirtschaftlichen Anwesen zwar nicht unüblich, doch dass der scharfe Schäferhund, der gleich neben der Eingangstür in einen Zwinger gesperrt war und sogar beim Eintreffen von Verwandten wie wild bellte, nicht angeschlagen hatte, war ziemlich ungewöhnlich.

Meine Tante glaubte zunächst, jemand sei gekommen, um der Großmutter einen Krankenbesuch abzustatten. Darüber beunruhigt, dass ein Fremder das Haus betreten haben könnte, wollte sie nach dem Rechten sehen und eilte auf dem etwa zehn Meter langen Flur zum Schlafzimmer ihrer Mutter. Augenblicke später kam sie geschockt zurück: Ihre Mutter, also meine Oma, war gestorben.

Man hat noch geraume Zeit darüber gerätselt, ob wir alle bei der Wahrnehmung von Haustür und Schritten einer Sinnestäuschung erlegen sind. Die Frage blieb also unbeantwortet: Wer war da gekommen? Wären die Schritte aus dem Haus hinaus gegangen, hätte man logischerweise vermuten können, Omas Seele habe uns verlassen. Aber wer war da gekommen? Wurde sie abgeholt? Und wenn ja, von wem? Wieso hat der Hund nicht angeschlagen?

32
Es gibt noch viel zu entdecken

Ich hatte das Glück, im späteren Kindesalter oft Gespräche mit einem Freund meines Vaters führen zu können – er war gleichzeitig der Eigentümer des Mietshauses, in dem wir wohnten. Ich benenne ihn hier mit seinem Vornamen Norbert, obwohl ich ihn immer artig gesiezt habe. Norbert war gesundheitlich ziemlich angeschlagen vom Zweiten Weltkrieg heimgekehrt und hatte offenbar viel Zeit, sich mit Gott und der Welt zu beschäftigen, vor allem aber mit den unerklärlichen Dingen. Er hat mit mir nicht nur Wasserrädchen gebastelt, sondern mir auch die Relativitätstheorie und die Astronomie ein bisschen nahegebracht. Und als 1966 im Fernsehen die legendäre Science Fiction-Serie Raumpatrouille mit Dietmar Schönherr lief (Raumschiff Orion), konnte ich gar nicht genug zu der brennenden Frage erfahren, ob es wohl irgendwo „Außerirdische" gibt. Dies galt damals noch als eher unwahrscheinlich, weil die etablierte Wissenschaft dies für absolut unmöglich hielt.

Als der Wettlauf zum Mond zwischen den Amerikanern und den Russen immer deutlicher wurde und im Juli 1969 schließlich mit Neil Armstrong der erste Mensch unseren Erdtrabanten betrat, war ich mit einigen Schulfreunden felsenfest davon überzeugt, dass wir unseren 50. Geburtstag auf dem Mond feiern würden. Die Euphorie flachte angesichts der nachlassenden Forschungstätigkeit der NASA leider ab – und so blieb es zum 50. Geburtstag bei einer Reise dorthin, wo wir in die Rakete gestiegen wären: zum US-Raumfahrtbahnhof Cape Canaveral. Dank des deutschen Wissenschaftsastronauten Doktor Ernst-Willi Messerschmid hatten wir das große Glück, beim Star des Shuttles Endeavour am 19. April 2001 auf der Ehrentribüne sitzen zu dürfen. Ein unvergessliches Erlebnis.

Warum ich das erzähle? Weil ich es für wichtig halte, Kinder schon frühzeitig an wissenschaftliche Themen heranzuführen und gegebenenfalls diese Neigungen zu fördern. Bei mir hat dies zwar nicht zu einem Job in der Raumfahrt geführt, aber immerhin die Begeisterung für diese Themen ein Leben lang wachgehalten. Wer weiß, was aus mir geworden wäre, hätte man damals ein Studium in diese Richtung nicht für völlig absurd gehalten. Ich bin aber nicht traurig. Dafür hat sich ein anderer Jugendtraum erfüllt: Journalist zu sein und Kriminalromane zu schreiben. Mein Appell an alle Eltern, aber auch an Jugendliche: Gerade in heutiger Zeit ist es wichtig, sich den wissenschaftlichen Themen zuzuwenden. Das muss nicht die Luft- und Raumfahrt sein. Es gibt unzählige Fachbereiche, in denen man sein Talent entfalten kann. Übrigens auch mit schlechten Schulzeugnissen. Ich halte es sogar für sinnvoll, zunächst eine bodenständige Ausbildung zu absolvieren, die natürlich im weitesten Sinne etwas mit dem angestrebten Berufsziel zu tun haben sollte. Von einer solchen soliden Basis aus gibt es zum Beispiel über Fachhochschulen viele Möglichkeiten, weiter aufzusteigen. Dann hat man sogar Vorteile: Man hat nicht nur das Mausklicken am Computer gelernt, sondern auch schon ins richtige praktische Arbeitsleben reingeschnuppert.

Und noch ein Tipp für junge Leser: Schielt bitte nicht nur aufs Geld. Natürlich ist ein gut bezahlter Job wichtig – aber vergesst nicht, dass ihr den Beruf ein Leben lang ausüben müsst. Was nützt euch ein traumhaftes Gehalt, wenn ihr jeden Tag missmutig an den Arbeitsplatz geht? Psychische Probleme sind dann vorprogrammiert.

33
Wirken Pestizide auf die Psyche?

Womit ich ein Thema ansprechen möchte, das allzu leichtfertig als Stammtischgeschwätz abgetan wird. Weil halt nichts davon wissenschaftlich belegbar ist. Trotzdem sollte man drüber reden und die Ängste der Menschen ernst nehmen. Um es gleich von vornherein zu sagen: Ich gehöre nicht zu denen, die sich vor einem Sendemast fürchten. Wenn dafür gesorgt ist, dass die Abstände eingehalten werden, hält sich die Belastung durch elektromagnetische Funkstrahlung gewiss in erträglichen Grenzen. Ich will auch gar nicht darüber entscheiden, ob es zuverlässige Untersuchungen dazu gibt – oder ob nicht eine allgemeine Hysterie dahinter steckt. Ein Telekom-Mitarbeiter hat mir jedenfalls vor Jahren schon glaubhaft versichert, dass sie einmal in einem Wohngebiet einen Mobilfunkmast errichtet hätten, worauf unzählige Bewohner dort plötzlich von Kopfweh geplagt worden sein wollten. Jedoch: zu diesem Zeitpunkt sei nur der Mast dagestanden, ohne Anschluss an ein Strom- oder Datennetz. Er war also noch gar nicht in Betrieb.

Alles nur Einbildung?

Egal, was — man wird auf jeden Fall einwenden können, dass niemand großes Interesse daran haben könnte, Funkwellen generell als gesundheitsgefährdend einzustufen. Stellen Sie sich mal vor, wir würden jeglichen Funk abschalten müssen! Mobiltelefone, Radio und Fernsehen wären noch der kleinste Teil, den dies verheerend träfe. Was glauben Sie denn, was heutzutage alles „gefunkt" wird? Internet-Verbindungen, Militärisches und all die vielen intelligenten Steuerungen, die uns inzwischen umgeben. Sogar Ihr Mähroboter, der im Garten seine Runden dreht, ist per Funk-Internet mit einem großen Zentralrechner des Herstellers verbunden — falls Sie können ihn über eine App auf dem Smartphone steuern. Ganz zu schweigen von den Satelliten, die uns vom Himmel „bestrahlen": für Navigation, Fernsehen und Telefonie. Ohne Funk würde die gesamte Zivilisation auf dem Planeten zusammenbrechen. Ein Glück nur, dass sich Funkstrahlen auf Frequenzen weit außerhalb des für uns sichtbaren

Lichts abspielen. Würden wir sie sehen, wäre dies ein immerwährendes Blitzlichtgewitter oder Feuerwerk aus bunten Farben. Vielleicht gibt es aber Tiere, die es sehen können.

Man mag sagen, dass sich seit 100 Jahren gewisse Krankheiten vermehrt haben. Doch ob das daran liegt, dass die medizinischen Erkenntnisse zum Diagnostizieren unbestritten enorm fortgeschritten sind, oder ob nicht auch der Mix aus vielen äußeren Einflüssen (Atombomben-Explosionen) dazu geführt hat, darüber darf natürlich spekuliert werden. Unbestritten kann aber festgestellt werden, dass die Lebenserwartung zumindest hierzulande deutlich gestiegen ist.

Ich wage es nun, noch einen weiteren Aspekt anzusprechen. Dass wir inzwischen viele Insekten umgebracht ja, sogar ausgerottet haben, wurde bereits erwähnt. Alle wissen es, alle reden drüber – doch die Politik schafft es nicht, der Verbreitung von Insektiziden einen Riegel vorzuschieben. Mir gab jedoch im Sommer 2021 bei ausgedehnten Wanderungen im Tannheimer Tal zu denken, dass auch dort die Zahl der Insekten dramatisch zurückgegangen sein muss. Obwohl am Wegesrand viele bunte Blumen blühten, fehlte das Summen und Brummen, wie man es noch vor vielen Jahren wahrgenommen hat. Dass die Insekten in der Nahrungskette der Schöpfung fehlen, haben namhafte Wissenschaftler und Institute längst festgestellt.

Nie zuvor habe ich das Fehlen der Insekten derart bedrückend empfunden wie in diesem Sommer. Einem Bericht des Bayerischen Rundfunks im Mai 2020 zufolge ist die Zahl der Insekten in Deutschland „nicht nur zurückgegangen, sie ist regelrecht eingebrochen". Dreiviertel aller Fluginsekten seien im Verlauf von nicht einmal 30 Jahren verschwunden. Die Reportage stützte sich mit diesem schockierenden Ergebnis auf eine der „relevantesten Studien zu diesem Thema". In nur 27 Jahren habe die Gesamtmasse der gezählten Insekten um 76 Prozent abgenommen, so die Angaben von Wissenschaftlern aus Deutschland, Großbritannien und den Niederlanden im Fachmagazin Plos one im Oktober 2017. Es war die erste Studie, die zum bis dahin nur „gefühlten" Insektensterben genaue Zahlen aus einem sehr großen Untersuchungsraum lieferte, hieß es in dem Bericht des Bayerischen Rundfunks.

Es scheint unbestritten zu sein: Monokulturen, Versiegelung der Böden und fehlende Blumenwiesen, dazu Pestizide und andere Giftstoffe – all dies hat ein Insektensterben ungeahnten Ausmaßes ausgelöst.
Haben wir also schon die ganze Umwelt vergiftet? Und wie wirkt sich das auf die Menschen aus? Auf das Nervensystem – und damit auf die Psyche? Landauf, landab ist davon die Rede, dass immer mehr Menschen über psychosomatische Störungen klagen. Das mag durchaus an den verschlechterten Arbeits-

bedingungen liegen – aber vielleicht auch an äußeren, unsichtbaren Einflüssen. Wenn die ganze Natur vergiftet ist, kann doch der Mensch auch beeinträchtigt werden, oder? Alles nur Stammtischgeschwätz, ich weiß.

34
Politiker sind auch nur Menschen

Wir vertrauen auf die Verantwortlichen und deren beruhigenden Aussagen. Aber wer sind denn diese „Verantwortlichen"? Doch „nur" Politiker, die weniger die Schöpfung, als vielmehr ihre Partei, ihr einflussreiches Wählerklientel und – ganz wichtig – die jeweilige Ideologie im Kopf haben.
Die Wissenschaftler können nur mahnen – aber die Weichen müssen diese Politiker stellen, von denen wir glauben, sie hätten den großen Überblick und natürlich das „große Ganze" im Auge.
Ein fataler Irrtum. Politiker sind auch „nur" Menschen, haben in den meisten Fällen in den Fachgebieten, in die sie per Ellbogen, Parteibonus oder Zufall geraten sind, keinerlei berufliche Erfahrung, von der Praxis schon gar nicht. Ja, es gibt sogar Fälle, da werden angeblich für verdiente Politiker neue Posten geschustert, um ihnen noch ein eigenes Ministerium zu schenken, das zuvor kein Mensch gebraucht hatte. Und natürlich mit allem, was dazugehört. Ein Geschenk, das den Steuerzahler Millionen kostet.

Diese Politiker erklären uns die Welt. Aber inzwischen scheint es mir so, als sei die Bewahrung der Schöpfung in der allgemeinen Klima-Euphorie völlig in den Hintergrund getreten, weil der Begriff „Klima" griffiger ist als der Hinweis auf gefährdete Tierarten, vergiftete Umwelt und das Abbrennen von Regenwäldern.

Wenn man vom Juchtenkäfer spricht oder vom Großen Mausohr (Fledermausart), von der Zauneidechse oder dem Halsbandschnepper, dann wird man oftmals verlacht. Allerdings treiben es manche Umwelt- und Naturschützer auch wirklich zu bunt, wenn etwa teure Grünbrücken über Straßen gebaut werden, nur weil man an dieser Stelle einen geschützten Luchs vermutet. Dass ein paar 100 Meter weiter ein Fluss und eine Eisenbahnlinie verlaufen, wird dann verlegen mit dem Hinweis abgetan, dies seien keine so großen Hindernisse für Wildtiere wie eine Bundesstraße.

Mag ja sein. Auch Luchse sind natürlich Teil der Schöpfung. Dass es mir aber schwerfällt, die Politik bei ihrem angeblichen Bemühen um die Schöpfung ernst zu nehmen, das liegt auch daran, dass sich manche, die sich die Umwelt und Natur auf die Fahnen geschrieben haben, hierzulande populistisch auf Nebenkriegsschauplätzen tummeln, bei denen ich – mit Verlaub gesagt – nicht weiß, ob sich da jemand einen Scherz mit der Bevölkerung erlaubt oder ob das Realsatire ist. Beispiel: Gendern! Ich hege den (satirischen) Verdacht, es könnten sich vielleicht doch ein paar Witzbolde in einem Hinterzimmer bei mehreren Gläsern Rotwein darauf verständigt, den Versuch zu unternehmen, die deutsche Sprache zu verhunzen – einfach als Experiment, um zu sehen, wie verrückt und gedankenlos sich das Volk darauf stürzt.

Ich mutmaße natürlich als alter Stammtischler, dass sogar ein paar clevere spitzbübische Uni-Professoren dahinterstecken, die sich jetzt köstlich darüber amüsieren, welche Eigendynamik ihre geniale Idee entwickelt hat.

35
Bitte rettet alle die deutsche Sprache!

Und um dies geht es: Keine Frage, die Gleichberechtigung aller Geschlechter (natürlich auch der Diversen) ist unbestritten eine gute Sache. Aber es gibt bestimmt andere Maßnahmen, daran zu erinnern, als mit Wortungetümen. Und wenn Frauen glauben, allein mit der Sprache Gleichberechtigung zu erzielen, dann muss ich sagen, sind sie arme Geschöpfe. Denn mancher Chef wird freudig erregt die sogenannte gendergerechte Sprache in den betrieblichen Wortschatz aufgenommen haben, wenn den Frauen dies wichtiger erscheint als ein höherer Lohn. Hätte ich als Chef auch so gemacht.

 Der Begriff „gendergerecht" muss vielleicht dem einen oder anderen noch erklärt werden. Es geht darum, das sogenannte maskuline Generikum zu neutralisieren, das heißt: dass männliche Begriffe, die bisher die gesamte Menschheit umfasst haben, also auch den weiblichen und diversen Teil, nun umzubasteln. Das bewegt die Welt, fürwahr.

Selbst der Duden – ich staune: Es heißt noch immer „der" Duden - ist auf diesen Hype aufgesprungen, oder eher: reingefallen.

Dieser Duden also hat eine Chefin, die allen Ernstes die gender-gerechte Sprache befürwortet.

Und dies, obwohl fast zwei Drittel der Deutschen diese Verhunzung der Sprache ablehnen. Im Mai 2021 berichtete die Frankfurter Allgemeine über das Ergebnis einer Umfrage, die Infratest Dimap für die Welt am Sonntag gemacht hatte. 65 Prozent der Bevölkerung halten nichts vom „Gendern" – mit steigender Tendenz übrigens. Interessant auch: Frauen bewerten die gendergerechte Sprache zwar insgesamt positiver als Männer, dennoch stieg bei ihnen die Ablehnung von 52 auf 59 Prozent. Und sogar die Anhänger der Grünen, die sich beim „Gendern" besonders hervortun, stellt sich sogar eine knappe Mehrheit gegen die Gendersprache.

Ob sich also „die Dudin" mit ihrem Eifer, diese ideologische „Kunstsprache" salonfähig machen zu wollen, damit etwas Gutes getan hat, bleibt abzuwarten. Immerhin war „der Duden" bisher so etwas wie das Evangelium der deutschen Sprache. Aber auch die biblischen Botschaften der Kirche werden ja heutzutage bekanntlich angezweifelt. Warum also nicht auch das, was der Duden verbreitet? „Der" Duden hat in meinen Augen jedenfalls an Ansehen verloren, weil er sich nicht mehr einer korrekten deutschen Sprache verantwortlich fühlt, sondern sich ideologisch-politisch leiten und von Minderheiten instrumentalisieren lässt.

Folgt man der eingeschlagenen Linien, darf es streng genommen nicht mehr „der Duden" heißen, sondern „das Kompendium für das deutsche Geschwätz". So gesehen, hätte ich Sie, liebe Leserinnen und Leser, längst ganz anders ansprechen müssen. Etwa so: Liebe lesende Personen. Oder bei einer Veranstaltung gar „liebe Zuhörenden". Wie es schon keine Schüler, sondern „Lernende" gibt – oder keine Studenten mehr, sondern „Studierende". Deshalb gibt es auch keine reinen Mitglieder mehr, sondern zusätzlich Mitgliederinnen sowie neben den Gästen auch Gästinnen – oder man trennt den männlichen und weiblichen Teil durch einen schicken Doppelpunkt, ein großes „I" in der Mitte oder mit einem Sternchen. Für mich erweckt das Sternchen aber immer den Eindruck, als gehöre eine Fußnote dazu – also wie etwa beim Kleingedruckten von Mobilfunk-Verträgen, wo ein Sternchen auf irgendwelche juristisch verklausulierte Gemeinheiten hinweist.

Lesbar sind solche Texte natürlich nicht – es sei denn, man legt zwischen dem maskulinen Teil und dem femininen Anhang einen „Gap" ein, eine Sprech-Lücke, also eine kurze Pause. Es gibt offenbar einige über-gegenderte Fernsehmoderatorinnen, die sich herausnehmen dürfen, dies anzuwenden. Sie hören sich so an, als hätten sie Schluckauf oder einen Frosch im Hals.

Als ich dem ZDF Mitte Juli 2021 meine Meinung dazu geschrieben habe, wurde mir mitgeteilt, dass meine Stellungnahme in die tagesaktuelle Auswertung der Zuschauerreaktionen aufgenommen werde. Damit werde sie der „verantwortlichen Redaktion und einem weiten Empfängerkreis in unserem Haus, inklusive der Geschäftsleitung, übermittelt und dort in der internen Auseinandersetzung mit dem Programmangebot berücksichtigt". Zum „Gendern" heißt es in der Mail vom 26. Juli 2021 weiter:

„Das ZDF möchte diskriminierungsfrei kommunizieren und achtet dabei auch darauf, wie sich Gesellschaft und Sprache verändern. Unser gesamtes Publikum soll sich im Programm angesprochen und durch die Ansprache wertschätzend behandelt fühlen. In der schriftlichen Kommunikation verwenden wir daher den Genderstern.

Für die Sprache in journalistischen Beiträgen, vor allem bei der gesprochenen Sprache, gibt es keine Vorgaben und Regelungen. Gelegentlich werden in Moderationen und Beiträgen kleine Pausen zwischen dem Wortstamm und der weiblichen Endung gemacht. Die Redaktionen entscheiden nach interner Diskussion selbst, welche Form der Ansprache für das jeweilige Format am besten geeignet ist."

Der Trend, Minderheiten immer stärker zu berücksichtigen, setzt sich fort.

Sie haben es wahrscheinlich im Juli 2021 auch gelesen, dass die Lufthansa ihre Gäste an Bord nicht mehr mit „meine Damen und Herren" begrüßt, sondern mit „welcome on bord", also „willkommen an Bord". Es darf angenommen werden, dass diese korrekte Sprechweise auch im äußersten Notfall, kurz vor einem Absturz, beibehalten wird. Dann wird es heißen, „Personen weiblichen Geschlechts dürfen zuerst auf die Notfallrutsche, dann Kinder jeglichen Geschlechts und zuletzt des männlichen und diversen Geschlechts". Wenn Sie dann als in Panik geratener Deutscher versehentlich einen Nichtdeutschen beiseite schubsen, werden Sie reflexartig zum Rassisten gestempelt – wie dies ja neuerdings sofort passiert, wenn man versehentlich ein Zigeunerschnitzel bestellt, wenn man Heißhunger auf Mohrenköpfe hat oder gar in der Mohrengasse wohnt oder Kunde der Mohrenapotheke ist. Mittlerweile geht ja auch schon die Angst vor Schwarzgeld um, vor Schwarzarbeit, vor schwarzen Wolken sowieso und vor Schwarzsehen, geschweige denn vor Schwarzfahren, das bereits einige Verkehrsbetriebe von ihren Plakaten entfernt haben, mit denen vor Fahren ohne Ticket gewarnt wird. Man darf gespannt sein, was nun aus dem Schwarzwald wird und ob man alte Schwarz-Weiß-Fotos vernichten muss. Und was ist mit meinem schwarzen Auto?

36

Gelbe Säcke und das verbotene Wort

Die Hysterie geht weiter. Der Tag wird kommen, an dem man die „Gelben Säcke" verbietet, denn da könnten ganze asiatische Volksgruppen in ihren Gefühlen verletzt werden.

Natürlich muss man auch beim Schreiben eines Buches darauf achten, ja keinen falschen Zungenschlag hineinzubringen, der dem Autor übel ausgelegt werden könnte. Eine Formulierung, die versehentlich womöglich rassistisch auszulegen wäre, würde das Ende der schriftstellerischen Laufbahn bedeuten, weil in den Medien ein wilder Shitstorm losbräche. Es scheint derzeit so, als sei man nie dagegen gefeit, in irgendeine extreme politische Ecke gedrängt zu werden, bloß, weil vielleicht ein übereifriger Journalist zwischen den Zeilen etwas angeblich politisch Unkorrektes entdeckt zu haben glaubte. Fallstricke lauern überall.

Auch beim Schreiben dieses Kapitels habe ich lange überlegt, ob ich das so machen kann – aber man wird ja noch darstellen dürfen, was skurril und grotesk erscheint. Und es kann nicht sein, dass durch eine politisch vorgegebene, angeblich korrekte Sprechweise die Meinungsfreiheit beschränkt wird – wie ich dies seit geraumer Zeit zu spüren glaube. Es geht ja so weit, dass zwar in einer Talk-Show über das verpönte „N-Wort" gesprochen wird, es sich aber niemand traut, es im Zuge einer verständlichen

Berichterstattung zu erwähnen. Wer es nicht kannte und somit auch nicht nachvollziehen konnte, worüber die erlauchte Runde bei Markus Lanz emotional diskutierte, musste zuerst bei Google nachschlagen, wo das „N-Wort" sachlich erklärt wird.

Sie merken schon: Auch ich scheue mich, das N-Wort niederzuschreiben, obwohl es zum Verständnis des Textes beitragen würde und weder diskriminierend noch rassistisch gebraucht würde. Es gibt sogar viele Menschen, die bis heute mit dem N-Wort nichts anzufangen wissen und nur verständnislos den Kopf darüber schütteln, wenn darüber diskutiert wird, ob man die Bezeichnung „Negerküsse" verbieten solle. Wie hätte es der einst sehr prominente Faschingssänger Ernst Neger heute schwer! Ob er jemals noch beim Mainzer Carneval sein „Humpa-täterä" schmettern dürfte? Allenfalls unter einem Künstlernamen. Vielleicht Ernst Weiß oder Ernst Farblos?

Und in Büchern? Werden jetzt überall Passagen geschwärzt, die nicht dem neuen „Sprech" entsprechen? Wobei „schwärzen" bereits bedenklich wäre. Muss die Literatur in weiten Teilen umgeschrieben werden? Oder gar verbrannt? Oder muss ich nach der ersten Auflage dieses Büchleins auch ganze Kapitel schwärzen – Verzeihung: weiß übertünchen?

„Es muss möglich sein, Dinge zu beschreiben, wie sie sind", stellte ein Kommentator der Ulmer Südwest Presse am 27. Juli 2021 im Zusammenhang mit dem „N-Wort" fest. Umschreibungen trügen doch nur

„zur Verniedlichung des Geschehens" bei. Wortver-
bote schadeten dem eigentlichen Anliegen. Der Autor hat recht: Natürlich gilt es, Rassismus und Anti-
semitismus die Stirn zu bieten. Vielleicht sei die
Sprache dabei nicht das Wichtigste, aber auch da
„sollte der Kampf aufgenommen werden". Und wenn
es die Situation erfordere, „dann müssen die Rassisten zitiert werden. Sonst wird dieser Kampf irgendwann lächerlich".
Übertreiben und übers Ziel hinausschießen, bewirkt
oft das Gegenteil.
Sie sehen schon: Wenn wir keine anderen Probleme
in diesem Land haben, als eine korrekte Sprechweise, dann ist alles okay. Dann brauchen wir uns auch
nicht um die Schöpfung oder nebenher noch ein
bisschen ums Klima zu kümmern.
Kein Wunder, dass der „Normalbürger", der jeden
Tag treu und brav seinem Job nachgeht, verständnislos den Kopf schüttelt.

37
Protestbrief an Daimler

Um das Groteske, wie es in gleicher Weise das Gendern betrifft, auf die Spitze zu treiben, sei nach-
folgend zur Erheiterung ein Brief abgedruckt, den
ich im Auftrag einer fiktiven „Genderin" an den Au-
tobauer Daimler-Benz geschrieben habe:

Sehr geehrte Diversitäten, Damen und Herr*innen, wir von der SDUS-Partei (Strich, Doppelpunkt, Unterstrich. Sternchen) erlauben uns, Sie aufzufordern, ab sofort Ihre Fahrzeuge, die Sie nach einer spanischen Dame benennen, innerhalb eines halben Jahres von der maskulinen in die feminine Titulierung überzuführen. Es kann nicht sein, dass ein unbestritten weiblicher Name männlich ausgesprochen und somit verunstaltet wird. Um es Ihren maskulinen Ohren klar zu sagen: Es heißt nicht, wie Sie zu glauben meinen, „der Mercedes", sondern „die Mercedes". Bedenken Sie bitte, dass sich unter Ihren Kund*innen genauso viel weibliche Fahrer*innen befinden wie männliche oder diverse. Aus unserer Sicht ist es allerhöchste Zeit, dass Fahrzeuge aller Hersteller entweder geschlechtsneutrale Namen tragen oder zumindest in ausgewogener Weise sowohl männlich als auch weiblich bezeichnet werden. Unsere Recherche hat aber ergeben, dass nahezu überall nur männliche Fahrzeugnamen gebräuchlich sind, was eine erhebliche Diskriminierung des weiblichen Geschlechts darstellt. Genannt seien einige Beispiele: der Volkswagen, der Ford, der Fiat, der Opel, der Mitsubishi, der Toyota, der Mazda, der BMW, der Audi - und zu allem Überfluss natürlich „der Mercedes". Gerade für den/die Begriff*in des zweifelsohne weiblichen Mercedes wird der Boden des Erträglichen verlassen. Dass in früheren Zeiten sogar der schwächliche Trabi männlich war, darf für die Maskulinisierung der „Mercedes" kein Argument sein. Zu Beginn der großen Motorisierung war das noch ganz anders: Da gab es „das" geschlechtslose Goggomobil und „die Isetta". Es gibt uns, als den Aktionisten der Partei SDUS sehr zu denken, dass nur diese, mit Verlaub gesagt, einstigen Kleinstwagen weiblich sein durften, während Ihre Stadtpanzer und S-Klasse-Bonzenwagen nur männlich sind.

Bedenken Sie aber bitte, dass andererseits sogar Lieb-haber*innen von schweren Motorrädern ihre Gefährte*innen als femininen Gegenstand betrachten. Viele Biker*innen bezeichnen nämlich ihre schweren Maschinen als „die" BMW oder „die Moto Guzzi*. Wir, als die als gemeinnützig anerkannte „getschenderte SDUS-Partei*in", werden jedenfalls zu einem Boykott Ihrer Mercedes aufrufen, falls dieser noch länger ihr zustehender femininer Artikel verweigert wird. Eine Bemerkung zum Schluss: Dass Sie als Markenzeichen einen Stern benützen, kann nur dahingehend gedeutet werden, dass Sie sich scheinheiligerweise eines Gen-der-Sterns bedienen - sozusagen als Deckmantel für Ihre ansonsten maskuline Geschäftspolitik. Mit der/die Gewissheit*in, dass Sie unseren Aufforderung*in als-bald nachkommen, grüßen wir Sie mit einem herzlichen „Gut Gender".

Um ehrlich zu sein, diese Partei und diesen Brief hab ich erfunden und nicht ans Daimler-Management ge-schickt, sondern nur an einen Mercedes-Verkäufer, der eher dezent-zurückhaltend reagiert hat.

38
Die „gegenderte" Bibel

Hellhörig wurde ich, als ich im evangelischen Ge-meindeblatt meines Kirchenbezirks den Artikel einer Pfarrerin aus einer Umlandgemeinde las, in dem sie das Thema Bibelübersetzungen erläuterte. Sie gibt zu bedenken, dass „worttreue" Übersetzungen beim Leser mehr Wissen voraussetzen als jene, die eher die gegenwärtige Sprache benutzen. Sie verweist auf die Bibel in gerechter Sprache (BigS) und die Basisbibel. Die BigS, die im Umfeld des evangelischen Kirchtages 2006 herausgekommen sei, stoße allerdings nicht auf uneingeschränkte Begeisterung. Doch es gehe auch nicht darum, die traditionellen Übersetzungen abzuwerten, sondern sie um „neue Aspekte" zu bereichern. Eines von mehreren Anliegen sei jedenfalls die „Geschlechtergerechtigkeit". Erstmals würden nämlich Frauen, die zwar in den biblischen Texten „mitgemeint" seien, nun auch explizit genannt. Der Horizont, so meint die Frau Pfarrerin, weite sich damit auch im Blick auf das Gottesbild. Während traditionell der Gottesname JHWH (gesprochen: Jahwe) – wie laut Wikipedia „der Gott der Juden und Christen in den modernen Übersetzungen der Heiligen Schrift genannt wird" – nur einseitig mit „Herr" übersetzt worden sei, schlage die Bibel in gerechter Sprache mehrere Bezeichnungen vor: „Ihn", den „Einen" oder „die Ewige". Was ausdrücken solle, dass man nicht einseitig die männliche oder weibliche Kategorie meine.

Gendern jetzt also auch in der Bibel. Dass es wichtig ist, die Sprache der Bibel immer wieder dem „Zeitgeist" anzupassen, halte ich zwar für durchaus sinnvoll. Aber wenn wir alle an eine große Macht und Kraft glauben, spielt es doch keine Rolle, wie diese auszusehen hat. Wenn man den Gedanken weiterspinnt, müsste man ja das allseits bekannte und beliebte Gebet „Vater unser ..." auch irgendwie gendern – in „Frau Gott unser", aber im fortfolgenden Text würde es dann schon schwierig – mit „der du bist im Himmel ..." Meine lieben weiblichen lesenden Personen, nehmen Sie's mir nicht übel, aber die deutsche Sprache ist historisch gewachsen und sie wird immer einem allmählichen Wandel unterzogen sein (derzeit Richtung Englisch), man kann sie aber nicht ideologisch-politisch verändern. Auch wenn einige Ministerien, Unis und sogar Firmen eine „Gender-Vorschrift" eingeführt haben. Wir haben es doch hier nur mit einem Hype zu tun (entschuldigen Sie das Fremdwort), der – so behaupte ich – von einer Minderheit angestoßen wurde und dem sich niemand öffentlich entgegenstellen will. Wie überall inzwischen: Niemand hat mehr den Mut, ein klares Machtwort zu sprechen. Aus reiner Sorge, nicht der „political correctness" zu entsprechen. Was in diesem Zusammenhang mittlerweile abgeht, könnte einer Satire-Sendung entnommen sein.

Denn schon werden Stimmen laut auch die Gesetze zu gendern. Stellen Sie sich mal diesen Verwaltungsaufwand vor! Würde das schlampig gemacht, gäbe es unzählige Formulierungen, von denen sich entweder Männer oder Frauen nicht angesprochen fühlten. Allein das Strafgesetzbuch böte viele Fallstricke. Nach aktuellem Stand ist in § 211 nur von „Mörder" die Rede. Also keine Mörderinnen? („Der Mörder wird mit lebenslanger Freiheitsstrafe bestraft"). Ich mag mir die Heerscharen von Juristen gar nicht vorstellen, die jeden einzelnen Paragraphen hieb- und stichfest durch-gendern müssten....

39
„Gendern" und das Englische

Und in der Religion; Der Gott? Die Göttin? Das Gott? Eine Päpstin statt einem Papst? Man mag mir diesen Ausflug in die Skurrilitäten der Sprache verzeihen, zumal offenbar das ganze Ausland über unsere Verhunzung der Sprache lacht – in der plötzlich Doppelpunkte, Mittelstriche und Sternchen zu Buchstaben mutieren. Auch wenn mich jetzt ein Teil der weiblichen Leserschaft nicht mehr mag, stehe ich zu meiner Meinung, dass man Texte nicht auf Teufel komm raus „tschendern" sollte. Wie dies etwa im Amtsblatt meiner kleinen schwäbischen Heimatstadt geschieht, in der die Pressesprecherin zumindest eines perfekt beherrscht: das „Tschendern". Um auf geniale Art ihre Texte unleserlich zu machen. Darf sie gerne tun. Ich bin liberal genug eingestellt, ihr und ihrer eifrigen Rathaus-Mannschaft dies zuzugestehen. Aber als Leser muss ich mir das nicht antun. Dass sich Sprache ändert, ist natürlich unbestritten. Mit den sozialen Netzwerken hat sie sich in den vergangene 20 Jahren verändert – und sich insbesondere englische Worte angeeignet, mit denen sich die ältere Generation schwertut. Es gibt ein Chill-out und ein Warm-up, bisweilen ein Update. Wenn Sie in Ihrem modernen Auto einen Druckknopf mit „Auto" finden, wird damit nicht der Motor gestartet, sondern die automatische Klima-Anlage. Um zu starten, müssen Sie (bei Mercedes beispielsweise) „Engine" drücken. Ganz zu schweigen von den Handbüchern für irgendwelche elektronischen Geräte. Dass „on" einschalten heißt und „off" demnach aus, hat sich vermutlich herumgesprochen. Aber was außerdem an Kauderwelsch auf uns einstürzt, könnte Bücherbände füllen. Insbesondere, wenn's um Computer geht, wo up- und downgeloadet wird, um nur zwei Begriff zu erwähnen. Wenn Sie auch schon mal hartnäckig von Ihrem Rechner nach einem Passwort gefragt werden, das Sie längst vergessen haben, können Sie nachvollziehen, wie gestresst man ist, wenn man dann „Passwort vergessen" anklickt und Sie anschließend auf einem Formular gebeten werden, sich mit Ihrem alten Passwort auszuweisen. Wie bitte? Das hab ich doch vergessen! Dann merken Sie, wie sich alles im Kreis dreht. Nicht nur am Monitor, sondern auch in Ihrem Kopf. Manche Software-Entwickler scheinen beim Programmieren – ich habe es schon angedeutet – auch vom Delirium tremens gepackt worden zu sein. Man möge mir diese Boshaftigkeit verzeihen, aber im Umgang mit den unzähligen Online-Angeboten packt mich bisweilen der nackte Zorn. Ich wage gar zu behaupten, dass nur ein Bruchteil dieser Angebote anwenderfreundlich gestaltet ist. Oft genug habe ich schon festgestellt, dass Institutionen mit der angeblich neuen, sensationell guten Technik protzen, dann aber eine drittklassige Software einsetzen. In einem Land, in dem Politiker unablässig von High Tech labern, ist dies doch eine Lachnummer.

Und seit der Corona-Zeit werden wir vom Englischen geradezu geflutet – etwa mit der Bezeichnung „Impf-Drive-In" . Oder „Lockdown". Im Alltag prasseln englische Begriffe ohnehin seit Langem auf uns herein. An manchen Läden steht „Back-Shop", und wir meinen, es sei Englisch und mit „back" sei „dahinter" gemeint, also ein Laden, der irgendwo hinterm Haus sei. Wer als englisch-getrimmter Mensch kommt auch schon auf die banale Idee, dass „Back" ganz einfach von „Backen" kommt und eine Bäckerei dahinter steckt.

Man liest auch „Coffee to go", denkt an ein Produkt aus Zentralafrika, doch gemeint ist ein Kaffee zum Mitnehmen. Oder da steht „open" oder „sorry, we're closed", womit kein Klosett sondern eine Schließung gemeint ist. Es gibt „Hairdresser", also Friseure, ein „Car-Wash", also eine Autowaschanlage. Manche sagen „nice to have", was meint, dass man sich über etwas freuen würde. Beliebt ist auch „Roundabout" für ungefähr, oder „must-have" für etwas, das man haben sollte. Als nach dem „Lockdown" die Läden wieder öffnen durfte, war zu lesen: „Welcome, wie missed you". Warum nicht: Grüß Gott, wir haben Sie vermisst.

In der Kriminalität sind „Cold cases" kalte Fälle, also ungeklärte Verbrechen. Wer nie Englisch gelernt hat, guckt ratlos auf derlei Worte und wird sogar den Schnäppchenverkauf verpassen, der seit Langem „Sale" heißt. Übersetzt heißt dies nur „Verkaufen". Von günstig ist da nicht die Rede. Nur den dummen Deutschen wurde suggeriert, dass „Sale" etwas ganz Sensationelles ist.

Aber wahrscheinlich würde es Sinn machen, die englische Sprache komplett einzuführen, damit niemand mehr abseits stehen muss und sich ausgeschlossen fühlt – außer vielleicht ein paar völlig unbedeutende Rentner, die zwar nie Englisch gelernt, aber ein Leben lang treu und brav gearbeitet haben.

Ja, auch die Werbung hat sich verändert. Manchmal hockt man ziemlich ratlos vor dem Fernseher und hat nach einem dieser Werbespots im atemlosen Szenen-Wechsel-Marathon und bei ohrenbetäubendem Massakrieren von Musikinstrumenten gar nicht kapiert, wofür da gerade geworben wurde. War's jetzt für ein Auto oder für eine aufregende Urlaubslandschaft? Vorbei die Zeit, als noch der Weiße Riese höchstpersönlich im Zeichentrick auftauchte oder eine Comic-Figur vor lauter Ungemach in die Luft ging und mit einer Zigarette wieder zurückgeholt werden musste.

40
Mein Duz-Freund, der Möbelhändler

Seit geraumer Zeit wird der Kunde nun geduzt. Ich war jüngst ein bisschen irritiert, als ich beim Autokauf von einem nicht gerade jugendlichen Verkäufer burschikos mit Du angesprochen wurde. Zuerst überlegte ich noch, ob ich mich geschmeichelt oder düpiert fühlen sollte, habe mich dann aber für einen anderen Händler entschieden.

Der Ton hat sich allerdings überall verändert. Eigentlich hat damit vor 18 Jahren der schwedische Möbelhändler Ikea angefangen. Weil das Duzen in Schweden ohnehin üblich sei, heißt es.

Langsam aber sicher ist das Du auf dem Vormarsch. Vielleicht auch eine Anlehnung ans Englische und vor allem an die USA. Oder an alle, die sich eben mit unserer Sprache schwertun.

Man ist deshalb schon gar nicht mehr verwundert, wenn man in den wöchentlich verteilten Hochglanz-Broschüren der Supermarkt-, Bau- und Möbelmärkte geduzt wird. Trotzdem hat mich der als persönliches Anschreiben eines Möbelhaus-Chefs getarnte Werbebrief irritiert. Denn der „Duze"-Brief an den lieben Manfred Bomm trug die persönliche Unterschrift eines der Geschäftsführer – zwar nur eingescannt und ausgedruckt, aber doch mit einem sehr persönlichen Anschein.

Ich hab mir dann erlaubt, dem Chef – er heißt übrigens Benno mit Vornamen – einen persönlichen Brief zu schicken:

Lieber Benno,

ganz herzlichen Dank für dein Schreiben, in dem du dich lobend über meine Treue und Vertrauen zu deinem Möbelhaus äußerst.

Ganz besonders freue ich mich aber, dass wir sozusagen „alte" Duz-Freunde geworden sind. Das ist mir zwar entgangen, weshalb wir es dringend nachholen sollten, auf diese „Duz-Freundschaft" anzustoßen. Wo könnten wir dies besser tun, als in deinem wirklich wunderschönen Restaurant über den Dächern der Stadt. Dort habe ich schon oft das Menü-Angebot geschätzt. Wir müssen ja nicht gleich ein üppiges Mahl einnehmen, es würde schon ein Gläschen Sekt reichen, um auf das „Du" anzustoßen. Für mich jedenfalls ist es eine große Ehre, den bekannten Möbelhändler als einen meiner Duz-Freunde zu wissen. Deinem oben genannten Brief entnehme ich jedenfalls, dass du auch mich mit großer Freude duzt und dich darüber freust, einen Krimi-Autor zu deinen Duz-Freunden zählen zu dürfen.

Ich würde mich jedenfalls freuen, auf das „Du" mal offiziell mit dir anstoßen zu dürfen. Selbstverständlich würde ich die Kosten für meinen Sekt selbst tragen. Nicht dass du befürchten müsstest, auf der Zeche sitzenzubleiben.

Es grüßt mit einem schelmischen Augenzwinkern

dein alter Duz-Freund Manfred

Benno blieb zwar bei seiner Antwort beim „Sie", bedankte sich aber für meinen – wie er es formulierte – „wunderbaren Brief" und räumte ein, dass dies „mit der Kundenansprache so eine Sache" sei. In seinem Haus habe man sich vor etwa zwei Jahren entschieden, beim Werbematerial auf „Du umzustellen" – wie dies auch schon andere getan hätten.

Benno erklärte weiter: „Es war und ist uns bewusst, dass dies nicht nur positive Reaktionen hervorrufen wird. Glücklicherweise haben wir aber nur sehr wenig ‚Gegenwehr' erfahren, wobei wir die Dunkelziffer der Empörten ja nicht kennen.
Vielleicht haben wir jedoch das Kind mit dem Bade ausgeschüttet. Ein ‚Du' im Prospekt (‚Rabatte für dich') ist sicherlich noch mal etwas anderes als ein ‚Du' bei einem Anschreiben per Post, welches von mir persönlich unterschrieben wird.
Nebenbei darf ich erwähnen, dass wir die Geschäftspost (Rechnungen, Mahnungen etc.) nicht auf

Du umgestellt haben. Ebenfalls duzen wir nicht unsere Kunden im Geschäft.
Wir werden jedenfalls unsere Kundenansprache anpassen und mit dem Thema zukünftig sensibler umgehen."

Ein freundliches Antwortschreiben, wie ich es nicht erwartet hätte.
Wenn er schreibt, er habe nur „sehr wenig Gegenwehr" erfahren, lässt er dennoch offen, dass es möglicherweise eine hohe Dunkelziffer der Empörten gebe. Das zeigt mir, dass wir alle viel zu viel unwidersprochen hinnehmen und uns gefallen lassen. Denn wenn sich niemand rührt, dann glaubt man überall (insbesondere auch in der Politik) es sei alles bestens.
Aus eigener Anschauung weiß ich, dass bei der Zeitung, bei der ich einst gearbeitet habe (zuletzt ein kleines Lokalblatt) kritische Leserbriefe sehr ernst genommen wurden. Wenn sich mal drei oder vier über einen Artikel empörten, dann war das schon ein Grund, darüber in der Redaktionskonferenz zu diskutieren. Denn wir gingen davon aus, dass es die Mehrzahl derer, die sich ärgern, einfach zähneknirschend hinnehmen und sich nicht äußern. Wer macht sich schon die Mühe, eine Mail zu formulieren?
Es gilt natürlich zu unterscheiden, ob eine laut aufschreiende Minderheit ihre Meinung den Andersdenkenden aufdrängen will. Oft genug habe ich nämlich erlebt, dass eben jene, die im Schreiben und Reden fit sind, so tun, als verträten sie die gesamte

schweigende Mehrheit. Ich wage, diese Aussage auch auf die Verhunzung unserer schönen deutschen Sprache zu beziehen (siehe die bereits zitierte Umfrage). Ich glaube, dass sich die Mehrheit der Menschen diese Diktatur der Sprache nicht aufzwingen lassen will. Ich finde, dass die sogenannte und viel strapazierte „political correctness" dort ihre Grenzen hat, wo die Meinungsfreiheit in Gefahr ist. Und man, satirisch gesagt, möglicherweise schon mit einer Art Sprachpolizei rechnen muss. Dagegen sollten wir uns alle mit aller Macht wehren – wie man auch die Schöpfung nicht mit schönen Wortungetümen bewahren kann. So zum Beispiel mit dem verharmlosenden Begriff „Ausgleichsmaßnahme", den ich eingangs schon erwähnt habe. Oder mit CO_2-Zertifikaten, die an der Börse gehandelt werden und den Anschein erwecken sollen, dass man damit etwas Gutes fürs Klima täte. Dabei ist das Ganze nur ein Hin- und Herrechnen der Betriebswirtschaftler, die ihren Aktionären und der Menschheit ein gutes Gewissen bescheren wollen. Außerdem bezahlt die Rechnung letztendlich nicht irgendein Konzern, sondern der Verbraucher. Siehe etwa beim Strompreis.

41
Kein Geld für Gesundheit und Wallfahrtsort

Das liebe Geld, das werden Sie sagen, spielt halt überall eine Rolle. Ja, das stimmt, auch wenn es keiner öffentlich sagen will: Das Betriebswirtschaftliche steht auch über dem Wohlergehen der Menschen. Wie sonst hätte es sein können, dass aus lauter Sparsamkeit zu wenig Pflegepersonal vorhanden ist? Denn wer interessiert sich schon für einen schlecht bezahlten Job? Wie könnte es ohne das Streben nach Profit sonst sein, dass man ganze Infrastrukturen verlottern lässt (Eisenbahn und Brücken)? Wie sonst kann es sein (ich schreibe dies nach den Hochwasserkatastrophen im Sommer 2021), dass das Meldewesen im Katastrophenschutz sträflich vernachlässigt und beispielsweise desolate Sirenen nicht repariert oder ausgetauscht wurden? Wie, wenn nicht durch Raffgier und daraus resultierende falsche Politik, kann es sein, dass man die Finanzierung des Gesundheitssystems schleifen lässt, dass man Rentner im Vergleich zu anderen Ländern hierzulande mit Hungerrenten abspeist, obwohl die Volkswirtschaft brummt? Nein, nicht das Wohlergehen der Menschen steht im Vordergrund, sondern das Geld. Sobald es um soziale Einrichtungen geht, höre ich seit Jahrzehnten, man müsse sparen und habe kein Geld. Dann aber, oh welch Wunder, finden sich immer wieder Millionen und Milliarden in der Staatskasse, um in Krisensituationen Banken, eine Fluggesellschaft und einen Reiseveranstalter zu retten, fatale politische Fehlentscheidungen zu finanzieren oder aus den Rentenkassen Fremdleistungen zu sponsern.

Ich nehme übrigens die Kirchen nicht aus. Auch dort treibt die Sparwut seltsame Blüten, wie etwa, wenn einem stark besuchten Marien-Wallfahrtsort keine besondere Bedeutung mehr beigemessen wird. Von Kapuzinermönchen einstens liebevoll gehegt und gepflegt und gerne von Touristen besucht, hält man „Ave Maria" in Deggingen (Kreis Göppingen) seit geraumer Zeit nur noch mühsam am Leben. Dank eines Pfarrers und zweier indischer Ordensbrüder. Dass viele Kirchengemeinden keinen eigenen Pfarrer mehr haben, mag insbesondere bei den Katholiken an (systembedingtem) Personalmangel liegen. Aber die Schaffung von sogenannten „Seelsorge-Einheiten" dürfte auch aus betriebswirtschaftlichen Gründen geschehen sein.

Kein Wunder, dass sich die Gesellschaft immer weiter von den Kirchen entfernt. Ein Übriges dazu tragen auch politische Erwägungen bei. Leider wird viel zu schnell vergessen, wenn sich einzelne Gruppierungen gegen das Christentum auflehnen. So hat die Fraktion Die Linke/Piraten in der Regionalversammlung Stuttgart im Januar 2021 kritisiert, dass die Süddeutsche Plakatmission in S-Bahnen, Bussen und auf Leuchtreklamen Bibelverse verbreitet hatte – wie etwa mit Johannes 14,6 ein Jesuszitat: „Ich bin der Weg und die Wahrheit und das Leben."

Laut Stuttgarter Zeitung bezeichnete diese Fraktion derlei Inhalte als „teils evangelikale und aggressiv-missionarische Botschaften", weshalb sie sich „bedrängt" fühle. Diese Glaubensbotschaften entsprächen „in keiner Weise der Willkommenskultur der Region". Und der Fraktionsvorsitzende wird von der Zeitung so zitiert: „Die meisten Menschen haben sich im Laufe ihres Lebens mit Fragen des Glaubens und der Weltanschauung auseinandergesetzt und ihren eigenen Standpunkt gefunden. Sie erwarten zu Recht, dass in einem säkularen Land ihre Überzeugungen respektiert werden."

42
Euro als Preistreiber

Meine große Sorge ist, dass angesichts vieler „aufgeblasener Randthemen" die wirklich wichtigen Dinge übersehen werden: dass die Schere zwischen Arm und Reich immer schneller und immer weiter auseinandergeht – und zwar so lange, bis die sozial schwach gewordene Gesellschaftsschicht aufbegehrt, vergleichbar mit dem Druck in einem Schnellkochtopf, wo ich das Ventil inzwischen knapp vor dem dritten Ring vermute – also kurz bevor es den Deckel mit einer große Explosion weghaut.
Ich frage mich auch, wie lange man dem Volk noch einreden kann, dass sich seit Einführung des Euro-Bargelds im Jahre 2002 überhaupt nichts verteuert hat. Dass dem nicht so ist, habe ich damals schon ein paar Tage später mitgekriegt, als schräg gegenüber der Redaktion ein bis dahin 99-Pfennig-Laden, zwar ordnungsgemäß auf 55 Cent umgepreist hat, aber schon wenig später bei 99 Cent angelangt war. Eine Verteuerung um 100 Prozent innerhalb weniger

Wochen. Auch die Gaststätten haben schnell darauf verzichtet, sowohl den alten D-Mark- als auch den neuen Europreis auf der Speisekarte auszuweisen. Denn kaum ein halbes Jahr später war für eine Pizza nicht mehr der alte Preis von etwa zehn Mark angegeben, sondern von zehn Euro. Das Beispiel ließe sich beliebig fortzusetzen. Nun gibt es immer geradezu militante Verfechter der amtlichen Regierungsverlautbarung, wonach wirklich nichts teurer geworden sei – und sie verweisen darauf, dass seit Einführung des Euro auch sonst im Laufe von 20 Jahren alles aufgeschlagen hätte. Das stimmt. Aber die Löhne, Gehälter und Renten haben sich seither nicht verdoppelt. Im Gegenteil: Steuern und Sozialabgaben sind weiter gestiegen. Deshalb muss man sich wundern, dass die Menschen immer noch treu und brav glauben, sie könnten ihren Wohlstand halten. Die älteren vielleicht, ja, weil sie auf Erspartes und vielleicht auch auf einen Teil der von Staat und Versicherungen nicht abgeschöpften Auszahlung von Lebensversicherungen verfügen können. Deshalb halten auch die meisten Rentner still, obwohl jeder neue Rentner – wie bereits dargestellt – auf fatale Weise zu spüren bekommt, dass sein finanzielles Polster über die Altersversicherung gewaltig schrumpft. Jeden Tag überkommt einen neuen Rentner das Grausen. Und die Politiker antworten bei entsprechenden Fragen mit verharmlosenden Textbausteinen, wo in jedem Wort die Ahnungslosigkeit herausbrüllt.

Ich weiß natürlich, dass die jüngeren Leser von der Rentenproblematik nichts hören wollen und sogar den Kommentatoren glauben, sie müssten für die jetzigen Alten bluten. Mehr als oberflächlich werden sich die Jüngeren ohnehin nicht damit befassen – weil das ja noch weit in der Ferne liegt und sich bis dahin tausendfach etwas ändern kann. Aber vielleicht nicht zum Guten. Deshalb gebe ich allen noch einmal den guten Rat, schon bald an die Altersvorsorge zu denken, denn spätestens mit dem 50. Lebensjahr entfaltet sich langsam der Wunsch, möglichst bald aus dem Beruf „auszusteigen". Es sei denn, man hat sich in eine Position hochgedrängt oder hineinschieben lassen, in der man sich von niemandem etwas sagen zu lassen braucht.

Wenn ich mich so umhöre, wollen jedenfalls die meisten so schnell wie möglich weg, schließlich mag man sich von den jungen, dynamischen, meist aber ahnungslosen Führungskräften, die das Arbeitsleben nur theoretisch vom Studium her kennen, nicht mehr gängeln und quälen lassen. Stress, Hektik und Unzufriedenheit gefährden die Gesundheit. Der Fachkräftemangel, der allseits beklagt wird, ist doch auch auf die Flucht vieler zurückzuführen, die so schnell wie möglich das Elend im betriebswirtschaftlich totgerechneten Unternehmen verlassen wollen. Man braucht sich nur mal ernsthaft zu informieren, dann erkennt man den Frust, der sich allerorten breit macht, wenn Menschen nur noch als Kostenfaktoren gesehen werden, während Konzerne, die Milliardengewinne machen, sich von langjährigen Mitarbeitern gnadenlos trennen oder ungeachtet der Qualität des einstigen Markenbegriffs „Made in Germany" irgendwo im Ausland produzieren lassen. Als ich mich einmal bei einem Outdoor-Kleiderhersteller über den unverhältnismäßig hohen Preis beklagt habe, wo doch auf dem Aufnäher die Billiglohnländer Bangladesch beziehungsweise Vietnam stünden, bekam ich eine wortreiche Antwort, in der es hieß, dass man alle Lieferanten vertraglich „auf die Einhaltung von sozialen und ökologischen Mindeststandards verpflichtet" habe. Die Einhaltung werde in regelmäßigen Besuchen vor Ort durch unabhängige Dritte überprüft. Man lasse sich grundsätzlich von dem „Gedanken der Kooperation und der Partnerschaft mit den Lieferanten leiten. Weiter: „Bloße Kontrolle und das Aussprechen von Sanktionen bringen in der Regel niemandem etwas, am wenigsten den betroffenen Arbeitnehmern." Im verbindlichen Verhaltenskodex „Code of Conduct" sei explizit der „Living Wage" für Facharbeiter schriftlich verankert. Wörtlich heißt es da: „Der Lohn einer Fachkraft sollte ausreichend sein, um die Lebenshaltungskosten zu decken und einen Teil zur freien Verfügung zu haben." Damit werde sichergestellt, „dass unsere Produkte unter menschenwürdigen Arbeitsbedingungen hergestellt werden". Neben Arbeitszeiten und Löhnen seien zudem wichtige Punkte festgelegt: Arbeitsbedingungen, Arbeitssicherheit und Gewerkschaftsfreiheit sowie Verbot von Kinderarbeit.

Es macht durchaus Sinn, den Herstellern der in Billiglohnländern produzierten Waren mit Zuschriften zu zeigen, dass man sich als Kunde sehr wohl Gedanken über die Zustände in den Fabriken macht. Und zwar auch bei der Kaufentscheidung.

43
Nur schöne Worte und Beifall

Wir alle sollten darauf achten, dass wir es nicht dulden wollen, dass billig produzierte Ware hierzulande überteuert verkauft wird. Natürlich wird behauptet, dass „der Markt" es eben ermögliche, bei uns entsprechende Preis zu erzielen. Unabhängig davon, wie günstig hergestellt wird. Und ob die Fabrik am anderen Ende der Welt steht. Transporte, so scheint es, fallen bei der Preisgestaltung überhaupt nicht ins Gewicht. Ist doch egal, wie viele Container täglich um den Erdball geschippert werden. Ob das die Schöpfung schädigt oder nicht. Schauen Sie sich doch einmal einen Container-Bahnhof an. Das muss nicht mal im Hamburger Hafen sein. Es reicht schon der Blick auf die Container, die sich mancherorts im Landesinnern an den Güter-Umschlagplätzen der Bahn türmen. Führen Sie sich vor Augen: Jeder dieser Container, jeder einzelne, bedarf eines 40-Tonnen-Sattelschleppers, um ihn an den letztendlichen Bestimmungsort zu transportieren.

Nein, ich behaupte jetzt nicht, dass angesichts derlei hemmungsloser Umweltbelastung überall die christlichen Werte mit Füßen getreten werden. Daraus den Schluss zu ziehen, die Gesellschaft sei gottlos, halte ich ebenfalls für nicht gerechtfertigt. Sie ist „nur" natur- und schöpfungsentfremdet. So gelten doch im Umfeld von Macht, Gier und Profit bei Weitem nicht die Zehn Gebote oder in manchen Staaten auch nicht die Menschenrechte. Sondern nur ein Ziel: Wachstum und Gewinn-Maximierung um jeden Preis. Daran hat auch die Besinnung in den Corona-Monaten nichts geändert. Wie erfolgreich den Menschen Sand in die Augen gestreut wird, sieht man allein schon daran, welche neuen Bezeichnungen für Berufe entstanden sind. Okay, manche Jobs sind glücklicherweise nicht mehr mit körperlicher Anstrengung oder gesundheitlichen Beeinträchtigungen verbunden wie zu früheren Zeiten. Aber es klingt doch einfach besser, wenn ein Beschäftigter der Müllabfuhr jetzt eine „Fachkraft für Kreislauf- und Abfallwirtschaft" ist, ein „Kaufmann" nun „Kaufmann für Büromanagement" genannt wird, ein „Elektromechaniker" ein „Systemelektroniker" ist, ein Justizangestellter nun ein „Justizfachangestellter", ein „Schwimmgehilfe" ein „Fachangestellter für Bäderbetriebe" und ein Abwasserentsorger in der Kläranlage eine „Fachkraft für Abwassertechnik" wurde – dann trägt dies gewiss und sinnvollerweise zum Selbstwertgefühl der Menschen bei und beschert ihnen einen Stellenwert, der ihnen unbestritten gebührt. Lehrlinge hat man ja schon vor geraumer Zeit mit dem Kunstwort „Azubi" umgetauft (Abkürzung für „Auszubildender"). Aber Achtung: „Der" Azubi ist maskulin. Die weibliche Form müsste doch wohl „Azubine" lauten. Oder vielleicht „Azubiene"?

Aber schöne Worte allein tun es nicht. Wenn damit keine bessere Entlohnung verbunden ist, nützen die schönen Berufsbezeichnungen nichts. Auch nicht, wenn man denen, die ohnehin schon den unteren Lohngruppen angehören, Beifall klatscht. Was würden denn die Konzernchefs und Vorstandsvorsitzenden sagen, wenn sie statt ihres Gehalts und ihrer Dividenden am Monatsende einfach Beifall bekämen? Sozusagen stehende Ovationen des Volkes.

In den oberen Etagen des Managements freilich dürften sich die großspurigen Titel gewiss auch auf dem Bankkonto bemerkbar machen. Längst gibt es keine simplen Geschäftsführer mehr, sondern CEOs (hab ich ja bereits angedeutet), also den Chief Executive Officer, der die höchste Führungsposition innehat. Genauso wichtig hört sich auch der CFO an, der Chief Financial Officer, also Chef der Finanzabteilung. Oder der COO, der Chief Operating Officer, der die höchste Position im leitenden Tagesgeschäft bekleidet. Was müssen das für Tausendsassas sein!

Irgendwie grotesk klingt es, wenn sich bei einem urschwäbischen Unternehmen diese Herrschaften plötzlich mit Titeln schmücken, von denen das Personal in den Produktionshallen gar nicht weiß, was sie bedeuten. Beispiel WMF, die einst mit dem Slogan „Bestecke in alle Welt" geworben hat und inzwischen in französischen Händen gelandet ist. Die haben jetzt (Zitat aus der örtlichen Presse) einen „Vice President Direct-to-Consumer Business WMF Group" und einen „President Business Unit Hotel".

Es wäre höchste Zeit, mir auch einen repräsentativen Titel zuzulegen: Chief Executive of Paperback-Writing ...

In heutiger Zeit könnte man es modern ausdrücken: „Wenn du schon nichts zu sagen hast, dann sag es wenigstens auf Englisch."

Oder wie es der österreichische Schriftsteller Karl Kraus einmal gesagt haben soll: „Es genügt nicht, keine Gedanken zu haben – man muss auch unfähig sein, sie auszudrücken." Wenn ich mich so umblicke – in Politik und Wirtschaft – bin ich davon überzeugt, dass man es mit diesen Fähigkeiten sehr weit bringen kann.

44
Fußball zur Ablenkung und für Profit

Wunderbare Ablenkung – ich hab es auch schon erwähnt – bietet natürlich der Sport, vorzugsweise der Fußball. Aus dem ist mittlerweile nicht nur ein Milliardengeschäft geworden, sondern für die Politik eine geniale Möglichkeit, das Interesse des Volkes auf etwas anderes zu fokussieren. Irgendjemand hat mal gesagt, die beste Gelegenheit, eine Steuererhöhung zu beschließen, seien die Wochen um eine Fußball-Europameisterschaft oder -Weltmeisterschaft. Diese finden meist vor den großen Sommerferien statt, sodass der Bürger gar nicht realisiert, was der Bundestag beschlossen hat. Danach folgt der Urlaub, und dann ist alles wieder vergessen. Welche Schwachköpfe freilich die Fußball-WM 2022 in einen Wüstenstaat vergeben haben, wo des heißen Wetters wegen nur zur Weihnachtszeit gespielt werden kann, darüber darf spekuliert werden – insbesondere darüber, welche Hintergründe, vielleicht sogar monetärer Art, eine Rolle gespielt haben.

Ja, und nun liest man, dass versucht wird, dieses WM-Spektakel alle zwei Jahre auszutragen, um noch mehr Profite einstecken zu können, worunter natürlich auch die Bandenwerbung zählt, die laut eines Artikels der Fraunhofer Gesellschaft mittlerweile auf Hightech höchsten Niveaus umgestellt wurde. Damit die Fernsehzuschauer bei einem Länderspiel gezielt in ihrer Sprache werbemäßig versorgt werden können, blendet eine Software für den jeweiligen Fernsehender auf den Bandenstreifen die passende Werbung ein. Deshalb muss man sich nicht wundern, wenn bei einem Auswärtsspiel der deutschen Kicker irgendwo in Zentralasien plötzlich deutsche Bandenwerbung auf dem Bildschirm erscheint. Auch die Zuschauer in Frankreich, Italien oder sonst wo bekommen ihre eigenen Texte.

Die digitale Technik macht vieles möglich, worüber der Laie nur staunt. Sie ist natürlich Fluch und Segen gleichermaßen. Wie alles im Leben hat es zwei Seiten: Plus und Minus. Nur wird sich die digitale Technik weiter durchsetzen und ungeahnte Möglichkeiten bieten. Deshalb sollte niemand abseits stehen und diesen technologischen Fortschritt grundsätzlich ablehnen. Ich höre immer wieder, dass die sozialen Netzwerke, also Facebook und das gesamte Internet, verdammt werden – meist aber von Leuten, die keine Ahnung von der Funktionsweise haben und sich nur verängstigen lassen. Ich bringe dazu immer folgendes Beispiel: Wenn Sie die Chance hätten, einen Porsche zu fahren, dann werden Sie das doch nicht nur deshalb ablehnen, weil ein weithin verbreitetes Film-Klischee zeigt, dass derlei große Fahrzeuge meist von Zuhältern, Ganoven und sonstigen Banditen gefahren werden. Es kommt immer drauf an, was man draus macht.

45
Für Recht und Ordnung

So lange es sich die Gesellschaft leisten kann, nicht mit aller Schärfe und Härte gegen Kriminelle vorzugehen, wird man mit einem gewissen Sumpf leben müssen. Auch mit Sachbeschädigungen und Schmierereien (von manchen verniedlichend Graffiti genannt) sowie Bedrohungen und Betrug. Wenn ich jetzt für mehr Recht und Ordnung plädiere, weiß ich, dass spätestens nun einige Gutmenschen das Büchle beiseitelegen und mich in einer entsprechenden politischen Ecke verorten. Im Internet würde ein Shitstorm losbrechen. Aber ich frage Sie, verehrte lesende Personen, was ist daran verwerflich, wenn man Recht, Gesetz und Ordnung einfordert, wie wir es von jedem anderen zivilisierten Land auf diesem Planeten erwarten?

Ein Übriges tun dann psychiatrische Gutachter oder Sozialpädagogen, die den Angeklagten eine gestörte Kindheit, schlechte Familienverhältnisse und irgendwelche andere Traumata attestieren. Da denke ich immer an meinen Vater, der vier Jahre im Krieg und vier Jahre in englischer Gefangenschaft war und um den sich nach der Rückkehr kein Psychiater und kein Sozialarbeiter gekümmert hat. Damals galt es, Ärmel aufzukrempeln und das zerstörte Deutschland wieder aufzubauen. Natürlich gibt es auch keine Statistik darüber, wie viele von den Kriegstraumatisierten von damals kriminell geworden sind. Und wenn, dann hätte diese Vergangenheit auch keinen interessiert.

Am Rande sei erwähnt, dass ich als einstiger Gerichtsreporter viele Male darüber gestaunt habe, wie sanft manche jugendlichen Kriminellen heutzutage behandelt werden. Ein Richter war dafür bekannt, dass er übergroßes Verständnis für jeden jungen Angeklagten hatte. Dass er auch beim dritten Rückfall ihm noch immer drohte, „das nächste Mal" ihn aber härter anzupacken. Beim „nächsten Mal" war dann vielleicht eine Bewährungsstrafe fällig, die mancher Jugendliche gar nicht als Strafe empfand, weil dies bedeutete, dass er als freier Mensch den Gerichtssaal wieder verlassen durfte.

Gut in Erinnerung ist mir noch jener Fall, als ein jugendlicher Schläger wortreich und der deutschen Sprache nur mäßig mächtig einem Richter vorgejammert hat, dass ihn eine Gefängnisstrafe ganz bitter treffen würde, wo er doch gerade just am Vortag eine Arbeitsstelle in einer Gaststätte bekommen habe. Der Richter ließ sich erweichen und zu einer Bewährungsstrafe überreden. Wenig später war der junge Mann schon nicht mehr Angestellter jenes Lokals, dessen Chef offenbar ein Kumpel von ihm zu sein schien. Dass sich alles nach einem abgekarteten Spiel angehört hatte, kann nicht bestritten werden. Auch nicht, dass es Kriminelle gibt, die ob unserer liberalen Strafgesetze nur müde lächeln können und deshalb auch jeglichen Respekt vor der Polizei vermissen lassen. Aber, so wird uns ja gebetsmühlenartig auch von den Medien erklärt, dies alles sei kein Grund zur Beunruhigung. Sämtliche Ängste seien nicht objektiver, sondern nur subjektiver Natur.

46
Panische Angst vor der Technik

Heute ist schließlich alles bis ins letzte Detail verbürokratisiert, organisiert und überorganisiert, in Statistiken gepresst und notfalls schöngeredet.

Bis hin, dass es den Ermittlungsbehörden immer schwerer gemacht wird, auf Augenhöhe mit dem kriminellen Gegenüber zu stehen. Raffinierte Abhörmachenschaften sind in Gangsterkreisen längst gang und gäbe, doch wenn die Polizei nach Wohnungseinbrüchen in den Mobilfunkzellen nachforschen will, wer sich zu einer bestimmten Zeit wo aufgehalten und mit Handy eingeloggt hat, gilt es einige datenschutzrechtliche Hürden zu nehmen. Die sind so groß, dass Ermittlungsbehörden bisweilen monatelang warten müssen, bis Handy-Daten ausgewertet sind. Wer Augen hat, zu sehen, und Ohren, zu hören, der weiß es längst: Denn am späten Abend des 28. Juli 2021 hat das ZDF in der Reportage-Serie „Zoom" in allen Details und sauber recherchiert davon berichtet, dass allein die Auswertung eines Handys, das bei Ganoven sichergestellt wurde, rund 15 Monate in Anspruch nimmt. Ein Kriminalist beklagte, dass manches sogar so lange dauere, dass ein U-Häftling noch vor dem Prozess wieder auf freien Fuß gesetzt werden müsse.

Dass es mit der Digitalisierung nicht nur bei der Polizei, sondern in allen öffentlichen Verwaltungen nicht weit her ist, wurde ebenfalls deutlich. In den Amtstuben wird offenbar noch kopiert, gefaxt, abgelegt - und vor allem: gestempelt. Innerhalb der Bundesländer gebe es viel zu viele unterschiedliche Computersysteme, die nicht miteinander kompatibel seien, hieß es. Tatsächlich scheint es so, als ob man in Deutschland in den vergangen beiden Jahrzehnten nur von Digitalisierung gelabert, aber nicht wirklich etwas getan hat. Im Vergleich zu anderen Staaten nehmen wir allenfalls Mittelplätze, wenn nicht sogar die hinteren Plätze ein. So weiß ich aus zuverlässiger Quelle, wie umständlich und rückständig beispielsweise beim Finanzamt gearbeitet wird, wenn ein Bürger („Steuerpflichtiger") in ein anderes Bundesland umzieht: dann würden seine Daten im bisher zuständigen Finanzamt fein säuberlich auf Papier ausgedruckt, per Post an das neu zuständige versandt und dort wieder am Computer abgetippt und eingegeben. Deutschland anno 2021. Keiner hätt's gedacht? Doch - ich schon, nachdem was man alles so zu hören bekommt. Falls man kritische Fernsehsendungen sieht, die so kurz vor Mitternacht im Programm „versteckt" werden - anstatt sie gleich nach den Tages-Nachrichten auszustrahlen.

Ich frage mich immer, wie genau sich die Datenschutzbeauftragten in der digitalen Technik auskennen, woher sie ihre Weisheit beziehen und wie weit sie eigentlich den technischen Möglichkeiten hinterher hinken. Und gleichzeitig frage ich mich, was denn die Politiker befürchten, wenn nachzuvollziehen ist, in welcher Funkzelle man sich in den letzten Monaten eingeloggt hat. Ich persönlich kann mich keines Augenblick entsinnen, zu dem die Ermittlungsbehörden hätten nicht wissen dürfen, wo ich mich zu einem bestimmten Zeitpunkt aufgehalten habe. Solang dies nicht an die große Glocke gehängt wird, ist doch nichts zu befürchten. Okay, man wird einwenden, es gebe natürlich Hacker, die diese Daten vielleicht veröffentlichen könnten. Mag so sein. Aber

das ist im Vergleich zu den Vorteilen, die die Ermittlungsbehörden in schlimmen Fällen aus den Stand-
ortdaten ziehen können, doch eher zu vernachlässigen. Aber die Datenschutzpanik ist inzwischen so
weit verbreitet, dass Eltern während der Corona-
zeit, als ihre Kinder Homeschooling machen mussten,
sogar Probleme damit hatten, ihre E-Mail-Adresse
herauszugeben. Und dass der Lehrer seine Schüler
nicht zwinge konnte, während des online-Unterrichts
die Kamera einzuschalten. Um Gottes willen! Da hätt
er ja auch im Hintergrund das Kinderzimmer sehen
können – oder dass das Kind gerade beim Vortrag
des Lehrers eingeschlafen war. Nein, das geht unter
keinen Umständen.

Es gibt tatsächlich Menschen, die sich für so wichtig
erachten, die Geheimdienste würden sich jedes E-
Mail und jede Internet-Seite anschauen, die sie daheim am Computer bearbeiten. Wenn das so wäre,
wäre ich längst in den Klauen eines Geheimdienstes
gewesen und bei meiner letzten USA-Reise in Guan-
tanamo gelandet. Denn die Manuskripte für meine
Kriminalromane, in denen teilweise von Mord und
Totschlag und Terroristen die Rede ist, gehen viele
Male zwischen mir, meiner Lektorin und dem Verlag
per E-Mail hin und her. Nun muss ich natürlich ein-
räumen, dass ich vielleicht gar nicht mitgekriegt
hätte, wie sehr man sich beim amerikanischen oder
russischen Geheimdienst meiner mühsam übersetz-
ten Texte annimmt. Vielleicht erklären sich auf die-

se Weise manchmal fremde Autos in meiner Wohn-
straße ...

Oder gelegentliche Aussetzer bei „Alexa" im Wohn-
zimmer-Lautsprecher.

Sollte ich doch nicht wieder lieber zur mechanischen
Schreibmaschine greifen und meine Manuskripte
postalisch versenden? Aber wer garantiert mir, dass
nicht auch Briefe geöffnet und gelesen werden? Ältere werden sich noch daran erinnern, dass man sich
früher Postkarten geschickt hat – und zwar nicht
nur aus dem Urlaub, sondern auch um eine kurze
Botschaft zu übermitteln, wie man dies heute mit
WhatsApp oder SMS macht. Da hat doch mancher
Postbote (auch weibliche sind gemeint) schon mal
den Text überfliegen können und wusste somit über
den Empfänger und dessen Kommunikation Bescheid.
Um es kurz und prägnant zu sagen: Wer nichts ver-
bricht, wer kein Verbrechen begeht, wer keines
plant und auch sonst ein ganz normaler Durch-
schnittsbürger ist, der hat doch nichts zu befürchten. Ganz im Gegenteil: Sollte er jemals in die Nähe
eines Verbrechens gerückt werden oder Opfer werden, lassen sich auch mit seinen Daten entlastende
Indizien finden. Also gilt auch in diesem Fall: sich
nicht einlullen lassen von Minderheiten, von Angst-
machern und vor allem von ahnungslosen Nachplap-
pern.

Hier gilt es auch zu bedenken, was der Politikjourna-
list und Fernsehmoderator Heiner Bremer in einem

Gespräch mit Welt-online zum allgemeinen Gender-Wahn gesagt hat:

„Es macht die Gesellschaft kaputt, wenn einzelne Gruppen meinen, sie hätten die Wahrheit gepachtet. Und wenn es gleich einen Shitstorm gib, wenn jemand diese Meinung in infrage stellt." Bremer, der 19 Jahre für den Stern gearbeitet und auch das RTL-Nachtmagazin moderiert hat, betont, dass er eine derartige Entwicklung in der „Gender"-Diskussion bemerke, wenn „Gegenargumente etwa zum ‚Sternchen' weggewischt werden." Und weiter laut Welt-online; „Das Reklamieren von Deutungshoheit ist fatal, denn Demokratie bedeutet am Ende eine offene Debatte, in der dann die Mehrheit entscheidet. Eine liberal-tolerante Grundhaltung halte ich für die beste, wenn man von rechtstaatlicher Demokratie überzeugt ist."

Inzwischen aber, so möchte ich anfügen, werden die Meinungen und Forderungen von Minderheiten hochgespielt. Wohl nach dem Motto: Wer am lautesten schreit, hat recht.

47
Ablenken als Wissenschaft

Ich habe von Ablenkung gesprochen. Wer dies beherrscht – nicht nur durch Fußball –, der kann auch in einer Demokratie die Massen manipulieren. Insbesondere, wenn Medien und Journalismus schwach geworden sind und viele in dieser Branche den Eindruck erwecken, ihr Job bestehe nur aus Happyness und Fun. Wie sonst ist zu erklären, dass sich im Juli 2021 eine Reporterin von RTL im Hochwasserkatastrophengebiet ihr Gesicht verschmutzt hat, um anschließend vor der Kamera offenbar den Eindruck zu erwecken, ganz nah am Geschehen zu sein? Journalismus dieser Art wird unglaubwürdig und lässt befürchten, dass es auch an anderer Stelle gewaltig hakt. Wie Politiker auf geschickte Art und Weise dies ausnützen können, beschreibt Avram Noam Chomsky, emeritierter Professor für Linguistik am Massachusetts Institute of Technology, der als einer der weltweit bekanntesten Intellektuellen gilt (1928 geboren). Sein Zehn-Punkte-Vorschlagsprogramm zum Ablenken umfasst unter anderem: Probleme schaffen und gleich Lösungen anbieten, Neues nur allmählich einführen und damit revolutionäre Gedanken verhindern, Unpopuläres als Notwendigkeit darstellen (weil alle glauben, es wird morgen besser), die Reden mit kindlichem Tonfall halten, emotionale Aspekte nutzen – und: die Leute in Unwissenheit und Mittelmäßigkeit halten, damit sie unfähig sind, die Technologien zu verstehen. Die Bildungsqualität in den unteren sozialen Schichten solle mittelmäßig und schlecht sein, sodass die Distanz von unten zur oberen Klasse gar nicht überbrückt werden kann. Weiter: Die Öffentlichkeit soll glauben, es sei modern, sich dumm, vulgär und ignorant zu geben. Außerdem soll jeder meinen, dass er allein selbst an seinem eigenen Unglück schuld sei – aufgrund seiner unzureichende Intelligenz. Und: Für die Elite sei es wichtig, die anderen besser zu kennen als diese sich selbst.

Ich zitiere dies, weil es sich lohnt, über diese Sätze nachzudenken. Und weil es eben Dinge gibt, die uns unbemerkt beeinflussen. Im Besonderen natürlich die Nachrichtensendungen, die sehr häufig eine gewisse Neutralität vermissen lassen. Oft wird auch durch pures Weglassen oder Verschweigen eine Meinung verbreitet.

Denn wie eine Bundespressekonferenz am 19. Juli 2021 zur Hochwasserkatastrophe in Nordrhein-Westfalen und Rheinland-Pfalz abgelaufen ist, davon erfuhren die Fernsehzuschauer nur wenig, beziehungsweise lediglich ausschnittweise. Ohne die sozialen Netzwerke (Youtube) hätte niemand das Fiasko und das Gestammel einer Sprecherin des Bundesverkehrsministeriums und eines Sprechers des Innenministeriums sehen und hören können. Peinlicher geht's wirklich nicht. Offenbar hat das Fernsehen die beiden Regierungsmitarbeiter in Schutz nehmen wollen – was völlig fehl am Platze wäre. Immerhin bekleiden diese „Sprecher" nicht gerade ein unbedeutendes Amt, sondern eines, von dem man annehmen müsste, dass dafür eine gewisse Kompetenz vorausgesetzt würde. Zu der Pressekonferenz gibt es bei Youtube eine Kurzversion von Focus-online und eine Langversion – zu finden, falls noch nicht gelöscht, unter dem Youtube-Suchbegriff „Bundespressekonferenz Hochwasser" vom 19. Juli 2021. Ein geradezu beschämendes Musterbeispiel für eine ahnungslose Bundesregierung. Es darf befürchtet werden, dass es in der Regierung noch mehr Ahnungslose gibt, die jedoch von ihren Defiziten geschickt wortreich ablenken können. Oder auf verständnisvolle, ihnen gut gesonnene Interviewer treffen.

Überhaupt lassen manche Reporter eine gewisse Unvoreingenommenheit vermissen. Ich beklage beispielsweise, wie nüchtern und mit überheblicher Arroganz über Unerklärliches hinweggegangen wird. Und wenn es sich partout nicht vermeiden lässt, dann zaubert man irgendeinen angeblichen „Experten" hervor, der dann wortreich und verklausuliert das ganze Universum in 90 Sekunden als völlig erforscht und logisch darstellt. Wer etwas anderes meint, hat eben von nichts eine Ahnung.

Ganz beliebt ist es seit geraumer Zeit auch, heikle Themen jeder Art in einer Satiresendung abzuhandeln. Selbst politisch brisante Dinge werden auf diese Weise kritisch beleuchtet – aber natürlich unter dem Deckmäntelchen der Satire-Kunst und dies noch meist zu mitternächtlicher Stunde. Dann braucht man sich über die Vermittlung kritischer Fakten nicht zu rechtfertigen. Ist ja alles nur Satire. Also Kunst.

Anders lässt sich doch nicht erklären, dass Satire-Sendungen im Fernsehen in den letzten Jahren wie Pilze aus dem Boden geschossen sind. Allerdings: Manchmal weiß man angesichts der fürwahr oft ernsten Themen gar nicht mehr so genau, ob das Gehörte noch zum heute-Journal des ZDF gehört, oder ob Oliver Welke mit seiner freitäglichen Wochenshow schon angefangen hat. Oder ob es zur „Anstalt" gehört. Alles scheint so, als ginge dies fließend ineinander über.

48
Keine Ahnung vom Motor des Lebens

Dass aber die Welt um uns herum aus vielem besteht, was wir nicht sehen und auch nicht bemerken, das habe ich Ihnen zu Anfang bereits zu erklären versucht. Alles besteht aus Schwingungen. Nicht nur die Wellen, sondern auch die Funkwellen. Und auch wir mit unserem Körper. Die Welt, wie wir sie sehen, ist so nicht. Wir nehmen bestimmte Schwingungen als Farben wahr, denen wir Namen gegeben haben. Wir sehen bestimmte Formen und Strukturen, die mit diesen Schwingungen gebildet werden. Wir spüren Wasser, das aus Milliarden von Molekülen besteht und sich deswegen so sanft anfühlt. Alles schwingt und dreht sich, vom Kleinsten bis zur größten Galaxy weit draußen im Weltall. Wir wissen weder, wie weit es hinaus-, noch wie weit es ins Kleinste hineingeht. Oder welche Energie dies alles zum Schwingen bringt.
Wir wissen nicht einmal, wie wir uns da einzuordnen haben, weil wir alles nur aus unserer eigenen Per-

spektive mit unseren beschränkten körperlichen Möglichkeiten erkennen können. Unser Geist ist viel zu eingeengt, um das große Ganze überblicken zu können. Wir wissen zwar ziemlich genau, wie die Hardware des Körpers funktioniert – mit all den Muskeln, Adern, Nervensträngen, Sehnen – wir wissen aber nicht, welche Energie den Motor des Ganzen, nämlich das Herz antreibt, das den Blutkreislauf in Bewegung hält, der vergleichbar eines lebenserhaltenden Stroms den Körper „betreibt". Wir wissen auch, welche Funktionen einzelnen Gehirnregionen zukommen, können aber nicht erklären, wo der Geist sitzt, der dies aufnimmt und wahrnimmt. Wir können nicht einmal sagen, was mit dem Geist während einer Narkose geschieht. Der bekannte Arzt Doktor Eckart von Hirschhausen erklärt in seinem Buch Wunder wirken Wunder (Rowohlt Verlag, ISBN 978-3-498-09187-3), dass man bei vielen Substanzen, die zur Narkose eingesetzt würden, nicht wisse, wie sie wirken. Es sei unklar, was das „Bewusstsein eigentlich ist, und weshalb man es mit ein paar Mitteln so effektiv ausknipsen kann".
Man kann stundenlang in der Einsamkeit des Waldes, in dem man die Kraft und Energie der Natur zu spüren glaubt, darüber nachgrübeln, wie alles funktioniert und warum es so ist, wie es ist. Wenn ich beim Diktat dieser Worte von großen Bäumen umgeben bin, glaube ich, diese Kraft zu spüren, die in diesen Stämmen und Ästen und im Laub vorhanden ist. Diese Urkraft, die jedes Frühjahr aufs Neue den Baum

grünen lässt, dieses Unerklärliche, dass auf dem harten Gesteinsboden die wenigen Wurzeln den Baumriesen im Gleichgewicht halten und ihm von unten bis in 20, 30, 40 Metern Höhe Wasser zuführen. Alles lässt sich erklären, alles ist wissenschaftlich nachgewiesen. Nur eines nicht: Warum tut der Baum dies? Welcher Geist steckt dahinter? Natürlich sind es Zellen, die so programmiert sind, dass der Samen nichts anderes tun kann, als sich zu einem Baum zu entwickeln. Die Frage stellt sich aber: Wer hat den Samen so programmiert?

Ich kann nachvollziehen, dass sich Menschen dem sogenannten Waldbaden zuwenden, um diese mächtigen Kräfte mit allen Sinnen aufzunehmen. Denn wer nur Mausklickt, in den Glaspalast-Büros sitzt, Zahlen vergleicht, Statistiken entwirft und sich darüber freut, die Konkurrenz vom Feld geschlagen zu haben, wer seine betriebswirtschaftlichen Kenntnisse dazu nützt, die Arbeiter auszupressen und die Zulieferer zu Dumpingpreisen zu zwingen, damit diese wiederum ihrerseits die Mitarbeiter gängeln – wer nur dieses im Sinn hat und am Wochenende erschöpft daheim in den Sessel sinkt, sich vielleicht noch ein Fußballspiel reinzieht, der hat keine Ahnung von der Wirklichkeit. Denen ist Besinnung und Waldbaden dringend angeraten.

Tatsächlich kann schon das Umarmen eines dicken Baumes erstaunlich viel Gefühle auslösen. Die Rinde und die Mächtigkeit eines Stammes. Zwischen allem, davon bin ich überzeugt, besteht eine Wechselwirkung allein schon der Schwingungen wegen, an die nicht nur Esoteriker glauben, sondern die absolut wissenschaftliche Tatsachen sind. Diese Schwingungen lassen uns jemand auf den ersten Blick sympathisch oder unsympathisch erscheinen, sie vermitteln uns in einem Raum oder an einem Platz ein gutes oder ungutes Gefühl – und sie sind vielleicht sogar mit den eigenen guten (oder schlechten) Schwingungen und guten Gedanken beeinflussbar. Vielleicht sind sogar deshalb sakrale Räume wie Kirchen ein Ort, an dem man all die guten Schwingungen zu spüren glaubt, die hier die Menschen hereingebracht haben, auch in Form von Gebeten.

Kann nicht auf diese Weise auch in Firmen ein schlechtes Betriebsklima entstehen, wenn alle Mitarbeiter negativ gestimmt sind? Ist es möglich, dass allein dadurch ein Betrieb zugrunde geht? Oder auch ein Verein? Heißt es nicht, dass Fußball reine Kopfsache sei? Dass also gute Gedanken und ein Teamgeist Wunder vollbringen können? Heißt es nicht, dass der Glaube Berge versetzen kann?

Sind vielleicht die Engelsgestalten positive Schwingungen, die uns umgeben und deren Hilfe wir uns bedienen können? Weil wir uns solche Geist- und Schwingungswesen nicht vorstellen können, wurden sie, wie bereits erwähnt, schon in frühen Zeiten in eine bildhafte Version gebracht. Vielleicht kommt es vor, dass sich solche Schwingungen materialisieren, also sichtbar werden, wie die Schwingungen dessen, das uns die Umwelt sichtbar macht? Dass wir manchmal vielleicht diese Engelsgestaltung in Form von Menschen wahrnehmen können? Und dass es in der Tat auch negative Schwingungen gibt, die sich ebenfalls manifestieren können, indem sie uns Unheil bringen.

Ja, ich weiß, manche von Ihnen werden mir jetzt nicht mehr folgen wollen – aber ich betone noch einmal: Ich möchte Sie von nichts überzeugen, sondern Sie nur zum Nachdenken anregen. Mit etwas, das Sie gerne auch als Stammtischgeschwätz bezeichnen dürfen.

Sie dürfen mir auch gerne eigene Erlebnisse oder Erfahrungen berichten – am besten per E-Mail: manfredbomm@t-online.de

An dieser Stelle möchte ich den berühmten Physiker Max Planck zitieren. Im Internet findet sich unter „beruehmte-zitate" Folgendes von ihm:

„Als Physiker, der sein ganzes Leben der nüchternen Wissenschaft, der Erforschung der Materie widmete, bin ich sicher von dem Verdacht frei, für einen Schwarmgeist gehalten zu werden. Und so sage ich nach meinen Erforschungen des Atoms dieses: Es gibt keine Materie an sich. Alle Materie entsteht und besteht nur durch eine Kraft, welche die Atomteilchen in Schwingung bringt und sie zum winzigsten Sonnensystem des Alls zusammenhält. Da es im ganzen Weltall aber weder eine intelligente Kraft noch eine ewige Kraft gibt – es ist der Menschheit nicht gelungen, das heiß ersehnte Perpetuum mobile zu erfinden – so müssen wir hinter dieser Kraft einen bewussten intelligenten Geist annehmen. Dieser Geist ist der Urgrund aller Materie."

Ich möchte zu diesem Fazit kommen: Ich bin von einer großen Macht und Kraft überzeugt, auch wenn viele Überlieferungen bildhaft sind. Es gibt natürlich nur eine einzige Macht und Kraft in diesem unendlichen Raum, der uns umgibt. Wir haben nur diese eine Chance: Wir müssen uns deren Gesetzen unterwerfen und deshalb unsere Schöpfung bewahren. Und diese unsere Schöpfung ist zunächst unser kleiner blauer Planet, den wir uns untertan machen durften.

49
Das Schwarze Kapitel

Ich muss Sie warnen: In diesem Kapitel hier geht es trostlos und hoffnungslos zu. Ich möchte nämlich die Gedanken und Ideen derer aufgreifen, die von allem, was ich bisher geschrieben habe, nichts halten und nur dem Materiellen huldigen. Nur mal angenommen, es gäbe nichts außerhalb unserer Wahrnehmung. Und wir wären durch eine seltsame Laune des Universums und einem Zusammenspiel von Chemikalien und sonstigen Stoffen, deren Herkunft auch irgendwie im Dunkeln läge, einfach so aus dem Nichts entstanden. Wir Menschen und alle Geschöpfe drum herum. Alles hätte sich im Laufe von Milliarden von Jahren einfach so entwickelt – die komplizierten menschlichen Gehirne ebenso wie die Intelligenz und der Instinkt der Tiere. All dies wäre nur so aus dem Nichts entstanden. Zeit genug wäre dafür ja gewesen. Und wir wären irgendwie halt denkende Geschöpfe, die für einen lächerlich kurzen Zeitraum von ungefähr 100 Jahren auf diesem Planeten leben. Und die vor der Geburt sozusagen tot waren und anschließend wieder in diesen Zustand zurückkehren. Wir hätten eine gewisse Zeit gehabt und vielleicht die Gemeinschaft um uns herum ein bisschen weiterentwickelt. Wir wären mit Menschen zusammen gewesen, die auch rein zufällig zu diesem Zeitpunkt auf diesem Planeten lebten. Aber dann wäre es vorbei. Aus und vorbei. Wir hätten uns geplagt, geärgert und sogar gegeneinander sinnlose Kriege geführt. Und am Ende? Nichts. angehäufte Reichtümer und Besitztümer waren für die Katz oder für Erben, die es dann vielleicht verkaufen und verjubeln. Warum sich also nicht in diesem Leben aufführen wie ein Schwein, möglichst viel Raffgier an den Tag legen, um sich das Hiersein so schön wie möglich zu gestalten? Warum Rücksicht auf andere Menschen nehmen, auf die Natur, auf die Schöpfung? Spielt doch alles kein Rolle. Wir leben hier und jetzt. Nach uns praktisch die Sintflut. Wir könnten schalten und walten, Unheil anrichten, Kriege anzetteln – was soll's? Mit dem Tod ist alles vorbei. Wenn es danach nichts gibt, dann gibt es auch nicht so etwas wie eine Hölle. Was wäre das für ein Tohuwabohu, wenn alle so denken würden? Sollen sich die, die nach uns kommen, doch mit dem zurecht finden, was wir zurückgelassen haben.

Jede Generation hat auch bisher in ihrer eigenen Epoche gelebt. Nie war die Welt immer so, wie sie die Menschen in ihrer jeweiligen Lebenszeit angetroffen haben. Alles ist einem Wandel unterworfen. Wo heute bewaldete Hänge sind, war früher Heide. Wo sich Städte befinden, gab es einstens nur ein paar Ansiedlungen an einem idyllischen Fluss. Wer weiß: Vielleicht hat für die Menschen in ferner Zeit all das, was wir heute für schützenswert erachten, überhaupt keine Bedeutung. Sie werden ohnehin – falls es die Menschen dann überhaupt noch gibt – auf dieses 20. und 21. Jahrhundert verständnis- und fassungslos zurückblicken. Wie wir heute aufs Mittelalter. In den 2600er-Jahren verhält sich unsere Gegenwart rückblickend übrigens so wie das Mittelalter zu uns. Da kann sich eine ganze Menge ändern. Insofern haben die Kirchen und Religionen durchaus ihre Berechtigung, wenn sie uns glauben machen wollen, dass wir für unser jetziges Leben irgendwann, irgendwo von irgendjemandem zur Rechenschaft gezogen werden.

So gesehen, ist auch verständlich, dass zumindest die katholische Kirche mit einer Wiedergeburt nichts am Hut hat. Wenn die Chance auf ein zweites, drittes, viertes oder noch mehr Leben besteht, dann kann ich ja jetzt mal richtig die Sau raus lassen. Oder mich sogar umbringen, alles auf „Reset" stellen und neu anfangen.

Deshalb ist es aus Sicht der Kirche doch besser, man vermeidet den Glauben an eine Wiedergeburt. Was soll auch schon das Nachgrübeln darüber, ob es etwas Jenseitiges gibt? Wir werden es alle früher oder später erleben – wobei dies schon der falsche Ausdruck ist. Denn wir erleben es nur dann, wenn es dieses Jenseitige gibt und wir dessen gewahr werden. Aber andererseits auch nicht schlimm: Wenn's das nicht gibt, dann werden wir es auch nicht erfahren. Und nicht traurig darüber sein können.

Vielleicht ist das Leben auch gar nicht so , wie wir es mit unseren Sinnen erleben. Vielleicht ist das alles eine große Illusion, eine Einbildung vielleicht. Vielleicht ist unser Geist, unsere Seele nicht wirklich hier. Wir träumen es sozusagen. Deshalb würde ja auch der Gedanke zutreffen, jeder könne sich die Welt so gestalten, wie er will. Also so, wie er sie in seiner Vorstellungswelt hat und an die er glaubt. Das würde auch wieder dem Gedanken entsprechen, wonach der Glaube Berge versetzt.

Wenn man alles in Betracht zieht – auch die neuesten wissenschaftlichen Erkenntnisse zur Quantenphysik –, dann muss man jedenfalls erkennen, dass wir von vielen Geheimnissen umgeben sind, die viel zu komplex erscheinen, als dass man sie mit simplen Mitteln des derzeitigen Standes der Wissenschaft begreifen könnte. Den Sinn des Lebens wird man vermutlich nie verstehen und nie begreifen und auch niemals feststellen, wie es funktioniert. Für mich steht aber fest: Es gibt neben dem Materiellen, also der sogenannten toten Materie, und neben den üblichen vier Elementen Feuer, Erde, Wasser und Luft noch eine weitere wichtige Energien, von der alles erfüllt ist. Und zu der unser Geist gehört.

50
Universelles Bewusstsein?

Von allen Theorien, die zur Auswahl stehen, ist für mich jene, die eine Welt abseits des Materiellen für möglich hält, die wahrscheinlichste. Meiner Ansicht nach gibt es mehr Gesichtspunkte, die sie für möglich erscheinen lassen als dagegen. Man kann zu den Nahtoderlebnissen, von denen viele Menschen berichten, stehen, wie man will, sie müssen aber eines zu bedenken geben: Nahezu alle berichten von einem Tunnel, durch den sie auf ein helles Licht zugegangen sind. Sie wollen verstorbene Familienmitglieder und Freunde erkannt haben, von denen sie begrüßt wurden. Und sie haben sich dabei so wohl gefühlt, dass sie gar nicht mehr ins Leben zurück wollten, sich dagegen aber nicht sträuben konnten, weil die Wiederbelebungsversuche erfolgreich waren. Manche schildern auch, dass sie sich selbst in dem Krankenzimmer oder an der Unfallstelle „von oben liegen" hätten sehen können. Und es gibt sogar Berichte, bei denen die „Wiederbelebten" schilderten, was in Nebenräumen gesprochen und getan worden war. Der niederländische Kardiologe Pim van Lommel hat in Gesprächen mit Patienten davon erfahren und sich dann der Forschung auf diesem Gebiet gewidmet. Mit einer wissenschaftlichen Studie an 344 Patienten ging er diesem Phänomen auf den Grund und gelangte zu der Auffassung, dass der Mensch mehr zu sein scheine als nur Körper. Es müsse ein universelles Bewusstsein geben, das unabhängig vom Gehirn funktioniere, das wiederum lediglich eine Schnittstelle sei: eine Empfangs- und Sendestation für die Wahrnehmung von Außersinnlichem. Der Arzt sieht sich erwartungsgemäß großer Kritik ausgesetzt – auch von Personen, die seine Bücher zu diesem Phänomen überhaupt nicht gelesen hätten. Auch stoße er bei medizinischem Personal auf Ignoranz, beklagt er sich. Er vermutet deshalb, dass die Dunkelziffer über die Zahl der Patienten mit Nahtoderfahrung sehr groß sei. Viele wagten es auch nicht, darüber zu sprechen.

Ich selbst habe beispielsweise nicht den geringsten Zweifel an den Schilderungen von Udo Wieczorek, dem Mann, der – wie bereits erwähnt – eine seltsame Erinnerung an ein früheres Leben hat. Auch er hatte während einer schweren Komplikation bei einer Darmoperation eine solche Erfahrung gemacht. Eine verstorbene Person habe ihn jedoch wieder ins Leben zurückgewiesen.

Berichte dieser Art gibt es viele. Wenn auch lediglich ein Bruchteil davon objektiv geschildert wird, kann es daraus nur die eine Schlussfolgerung geben, dass es nach dem Tod irgendwie weitergeht. Wenn der Geist (oder: die Seele) den materiellen Körper verlässt, weil dieser nicht mehr funktionsfähig ist, wird diese Energie in eine andere Dimension übergehen. Möglich, dass sie sich – warum auch immer – nicht sofort ganz von der materiellen Welt lösen kann oder will und in der Nähe ihres gewohnten Umfelds bleibt. Ich will nicht Spuk und Geister heraufbeschwören, aber dass es Verbindungen zwischen Toten und Lebenden geben kann, wäre immerhin denkbar. Wie sonst wäre zu erklären, dass sich manchmal Sterbende auf irgendeiner Weise bei nahen Angehörigen „verabschieden" – sei es durch ein herabfallendes Bild, eine stehengebliebene Uhr oder durch andere unerklärliche Ereignisse, deren Zusammentreffen mit dem Todeszeitpunkt kein Zufall sein können.

Sind es Schwingungen oder bislang unerforschte biologische „Ströme", die uns alle miteinander verbinden? Wenn sich Fälle von Gedankenübertragung zeigen. Man denkt an jemanden, und wenig später ruft derjenige an. Oder man fährt abends zufällig am Haus eines Bekannten vorbei und denkt, ihn viel zu lange nicht mehr gesehen zu haben. Anderntags ruft er an.

Vielleicht gibt es auf dem bio-physikalischen Sektor noch viel mehr – und wir sollten uns nicht nur aufs Digitale beschränken. Vielleicht gibt es tatsächlich etwas, das schneller ist als das Licht. Die Gedanken sind's auf jeden Fall. Diese Fähigkeit zu erforschen, wäre ein weites Betätigungsfeld. Anmerkung am

Rande, die verrückt klingt: Wenn etwas schneller wäre als das Licht, würden Vergangenheit, Gegenwart und Zukunft eins sein. Würde dies das angebliche Hellsehen erklären, also den Blick in die Zukunft, wie ihn einige Zeitgenossen immer mal wieder versuchen? Könnten wir damit auch weite Entfernungen überwinden? Funktioniert auf diese Weise das „Schwarm-Verhalten" von Vögeln, bei denen alle gemeinsam einen Richtungswechsel vornehmen? Verständigen sich auch andere Tiere auf eine uns völlig unbekannte Weise? Sozusagen über eine Art „Biowellen-Funk"? So lange es uns nicht gelungen ist, alle Geschöpfe um uns herum zu vergiften und auszurotten, sind wir von einer geheimnisvollen Welt umgeben. Ich hab gelesen, dass allein die Biomasse aller Ameisen dem Gewicht der gesamten Menschheit entsprechen soll. Und wir haben keine Ahnung, welche Intelligenz in jedem dieser kleinen Tierchen steckt.

Forschungsfelder gäbe es also viele, würde man sie nur ohne Scheu betreten. Aber ich habe mir sagen lassen, dass es auch an den Universitäten nicht gerne gesehen ist, wenn junge Leute nicht linientreu der etablierten Wissenschaft folgen.

So hat mir eine Studentin aus dem Ruhrgebiet Folgendes geschrieben: „Während des Psychologiestudiums habe ich schon früh bemerkt, dass die Studieninhalte gefüllt von Statistik, Diagnostik und Theorien bestimmter therapeutischer Ansätze sind, wohingegen existenzielle Fragestellungen nach „Vor"-Geburt und „Nach"-Tod, Sinn des Lebens und vieles mehr kaum vorkommen. Ich frage mich, ob es sein kann, dass gesellschaftliche Tabus sich so stark auswirken, dass selbst die Studieninhalte von dieser Tabuisierung betroffen sind. Meiner Beobachtung nach beeinflussen existenzielle Fragestellungen jedoch jeden Menschen mal mehr und mal weniger." Eine Feststellung, der ich voll und ganz zustimme. Denn unsere Welt muss mit dem Tod und der Angst davor leben. Die ganze Schöpfung ist darauf ausgerichtet, sich vor dem Sterben zu schützen: jedes Tier flüchtet vor seinen Feinden, hat Angst, zum Futter für andere zu werden. Das eherne Gesetz „jeder frisst jeden" wird überall in der Natur augenscheinlich. Gehen Sie mal auf Safari in Afrika. Frühmorgens mit einem Ranger. Und Sie werden den gnadenlosen Kampf der Tierwelt ums Überleben sehen. Manches Zebra ist von Löwen verspeist, ehe die Morgensonne über die Steppe kriecht. Und in Ihrem Garten ist es nicht anders: die Amsel, die so schön singen kann, zieht einen Wurm aus dem Erdreich. Und die Katze ist hinter den Vögeln her. Die Angst vor dem Tod geht überall um. Selbst Bäume und Pflanzen wehren sich auf ihre Weise gegen Schädlinge - mit abstoßenden Düften oder anderen Tricks. Die ganze Welt ist voller Gefahren. Das dürfen wir nicht vergessen. Auch das ist von der Schöpfung so gewollt.

51
Auch Unmögliches kann möglich sein

Aber denken wir positiv. Viele Erfindungen aus
jüngster Zeit sind doch nur zustande gekommen,
weil ein paar junge Leute mit der Elektronik „herum-
gesponnen" haben, um es einmal ganz leger auszudrücken. Sie sind aufs Handy, aufs Smartphone,
aufs Internet, Facebook und Google gekommen. Das
waren nicht Leute, die in trockenen Amts- und Lehr-
stube zusammengehockt sind und sich ihre Ideen
von „den Alten" haben ausreden lassen.
Es gibt noch viel zu forschen. Vielleicht gibt es eines
Tages auch Einblicke in bisher unbekannte Dimensionen. Vielleicht ist ja das Überschreiten der Lichtge-
schwindigkeit doch möglich. Mit heute noch unvorstellbaren Technologien.
Noch können wir uns allenfalls dem Mars zuwenden
und davon träumen (oder Albträume haben), dass ein
Kontakt zu einer weit entfernten Zivilisation in den
Tiefen des Universums entsteht. Dass es da draußen
noch andere Intelligenz gibt, wird inzwischen von
niemandem mehr bestritten. Nur: Diese Aliens sind
unerreichbar weit entfernt. Selbst wenn wir ein
Funksignal von ihnen auffangen würden, wäre dies
schon viele Jahrzehnte, wenn nicht gar Jahrhunderte unterwegs gewesen. Konversation mit diesen Leuten wäre ziemlich mühselig.
Oder werden wir gar schon beobachtet? Zweifelsohne gibt es Flugobjekte am Himmel, deren Bewe-

gungen und Geschwindigkeit keiner uns bekannten Technologie zuzuordnen sind (es sei denn, sie sind militärisch und streng geheim). Ich meide das Wort „Ufo", obwohl es nur „Unbekanntes Flugobjekt" heißt, doch es ist allzu sehr von Fantasten belastet, die damit gleich Außerirdische in Verbindung bringen.

Erst jüngst hat die US-Regierung eingeräumt, dass es in der Tat seltsame Bewegungen im Luftraum gibt. Sogar gestandene Militär-Piloten berichten davon. Wären es wirklich Objekte aus einer „anderen Welt", sozusagen Beobachtungsapparate, dann kämen sie von einer weitaus höheren Zivilisation als der unsrigen. Möglich, dass sie den direkten Kontakt zu uns scheuen. Oder dass ihre automatischen Gerätschaften schon Jahrtausende unterwegs sind und die Konstrukteure längst keine Verbindung mehr zu ihnen haben.

Es sei denn, sie bedienen sich einer Technologie, die unseren physikalischen Vorstellungen weit überlegen ist.

Was ich in diesem Zusammenhang bemängle: Man muss kein „Ufo-Gläubiger" sein, aber dass diese Themen in den Medien so gut wie keinen Niederschlag finden oder sogar auf den „bunten Seiten" der Zeitungen lächerlich gemacht werden, halte ich für falsch.

Für bedenklich halte ich es aber auch, wie durch Arroganz und Ignoranz Wissenschaftler vor der Kamera stehen und alles, was nur annähernd unerklärbar erscheint, sofort als puren Humbug abtun. Selbst

der von mir sehr geschätzte Wissenschaftsjourna-
list Harald Lesch hat nach Veröffentlichung eines
Videos, das US-Militärpiloten von einem seltsamen
Flugobjekt aufgenommen haben, reflexartig behauptet, es handle sich um eine perspektivische Verzer-
rung, also um eine Täuschung. Seltsam nur, dass den
Verteidigungsexperten im Pentagon und den US-Ge-
heimdiensten dies entgangen ist und sie das Video
sogar als Beweis für merkwürdige Beobachtungen im
Luftraum veröffentlicht haben.

NASA-Direktor Bill Nelson hat Ende Juli 2021 in
einem Online-Interview zu den Beobachtungen Stel-
lung bezogen. Daraus zitierte Andreas Müller auf
seinem Internet-Portal Grenzwissenschaftliche Mitteilungen wie folgt:

„Während meiner Zeit als Senator habe ich selbst
die Navy-Piloten in einer klassifizierten Unterre-
dung getroffen und mit ihnen über ihre Beobachtungen gesprochen. Diese Piloten wissen, dass sie wirklich etwas gesehen haben. Diese Piloten sind diesen
Dingen gefolgt. Diese Piloten haben diese Dinge mit
dem Radar geortet. Und nun berichtet selbst der
öffentliche Teil des UFO-Berichts des Chefs der
Geheimdienste von mehr als 140 solchen Sichtungen
rund um den Globus. Da ist also etwas an dieser Sache dran. Was das ist, weiß ich nicht und ich denke,
dass das noch niemand so genau weiß. Ich hoffe allerdings, dass das nicht unsere Feinde sind. Denn
was unsere Piloten da beschreiben, sollte wirklich
nicht unser Feind sein. Denn wenn das unsere Feinde

sind, dann verfügen sie uns gegenüber über wirklich sehr fortgeschrittene Technologien."

Ich zitiere dies nicht, weil ich zu den „Ufo-Gläubigen" gezählt werden will, sondern nur weil ich auch bei diesem Thema zum Nachdenken anregen möchte und man offizielle Darstellungen mit gewisser Distanz zur Kenntnis nehmen soll.

Denn auch was den sogenannten Roswell-Zwischenfall anbelangt (ein abgestürztes Objekt 1945 bei der gleichnamigen Stadt im US-Bundesstaat New Mexico), schloss sich der allseits als Wissenschaftler anerkannte Harald Lesch in einem Video ohne Wenn und Aber der offiziellen Darstellung der Armee an, wonach es sich damals um einen Wetterballon mit Radarreflektor gehandelt habe. Zuvor jedoch war von einer „Fliegenden Untertasse" die Rede gewesen, was einen Tag lang für große Schlagzeilen gesorgt hatte. Ins Reich der Verschwörungstheorien wird freilich die weit verbreitete Meinung verwiesen, die US-Regierung habe damals ein außerirdisches Raumschiff und sogar Leichen außerirdischer Lebewesen gefunden, sie heimlich untersucht und halte sie bis heute unter Verschluss (Quelle: Wikipedia).

2018 hatte der stellvertretende US-Verteidigungsminister David Norquist bei einer Pressekonferenz über derlei Flugobjekte eingeräumt: „Wenn wir konkrete Hinweise hätten, dass diese Dinger aus Russland oder China stammen, dann würden wir dieses Gespräch überhaupt nicht führen."

Auch wenn sich die Medien in Zurückhaltung üben und eher durch Verschweigen oder Beschwichtigungen glänzen, wird das Thema nicht unterm Teppich zu halten sein. Niemand wird so genau sagen können, welche Theorie die richtige ist. Aber wenn wir nicht auch das Unmögliche für möglich halten, wird es keinen wissenschaftlichen Fortschritt mehr geben.

52
Zeitgefühl ist relativ

Bei all diesen Themen kommt mir immer wieder Norbert in den Sinn, der Freund meines Vaters und Besitzer der Mietwohnung aus Kindheitszeiten. Es war faszinierend, ihm zuzuhören, wenn er über Einstein und die vielen Rätsel der Wissenschaft sprach. Vielleicht würde ich heute keine Geschichten schreiben, sondern dazu forschen, wenn man mich entsprechend gefördert hätte. So bleibt mir nun nichts anderes übrig, als meine Gedanken auf diese Weise zu verbreiten und vielleicht dazu beizutragen, dass irgendein junger Schlaukopf tut, was mir verwehrt geblieben ist. Immerhin hatte ich bereits als Zwölfjähriger die Vision von einem kleinen Kasten, mit dem man per Funk Töne und bewegte Bilder übertragen konnte. Nein, es war kein Fernseher oder Radio gemeint, sondern etwas, das dem heutigen Smartphone sehr ähnlich ist. Damals, in den frühen 60er-Jahren, gab es jedoch nichts, was mich dazu hätte inspirieren könne. Es war nur die Idee. Schade, dass sie dann von anderen realisiert wurde.

Norbert konnte auch lange über das Jenseits reden – und er hat mir mehrfach versprochen, sich nach seinem Tod bei mir zu melden. „Wenn's möglich ist", pflegte er dann zu sagen. Offenbar ist es nicht möglich. Jedenfalls habe ich nach seinem Tod nie etwas bemerkt, mit dem er sich bei mir gemeldet haben könnte.

Wenn ich an ihn denke, wird mir jedes Mal bewusst, wie schnell die Zeit vergeht. Als junger Mensch nimmt man dies nicht zur Kenntnis. Als Schüler dehnt sich die Zeit ewig bis zu den Ferien. Auch danach scheint man „alle Zeit der Welt" zu haben. Dass dies nicht so weitergeht, wurde mir mit Mitte 20 bewusst, als ich mit einem Freund in Ägypten war und wir abends an der Bar in einem Hotel in Kairo über Gott und die Welt philosophiert haben. Ein älterer Herr aus unserer Reisegruppe – er wohnte in der Nähe von Stuttgart – schilderte uns, wie schnell die Zeit ab dem 50. Lebensjahr vergehe und danach sogar immer schneller. Wir hörten aufmerksam zu und staunten, doch insgeheim dachten wir, dass der gute Mann vielleicht schon ein paar Whisky zu viel getrunken hatte.

Heute weiß ich: er hatte recht. In geradezu atemberaubendem Tempo rauscht die Zeit an einem vorbei. Was, schon wieder Weihnachten? Schon wieder Sommer? Man möchte auf die Zeitbremse treten, nimmt sich vor, weniger zu tun und alles beschaulich angehen zu lassen – doch erfolglos: Es geht immer schneller und schneller. Vorausgesetzt, man ist einigermaßen gesund, möchte man noch dieses und jenes erleben, dorthin und dahin gehen – und man hat den Eindruck, vieles zu versäumen und zu verpassen.

Zeit ist wirklich relativ. Steht man in Eiseskälte am Bahnsteig und wartet auf den nur fünf Minuten verspäteten Zug, dehnt sie sich. Doch dann wiederum muss man erkennen, dass schon wieder eine Woche vorbei ist. Irgendwie hängen Zeit und Raum zusammen. Aber wo Ewigkeit ist, gibt es auch keinen Raum. Oder? Übrigens: Wer eine Gefängnisstrafe verbüßen muss, wird vermutlich ein anderes Zeitgefühl haben. Egal, wie man die Zeit erlebt, man stellt sich irgendwann die Frage, ob es noch etwas außerhalb unserer Wahrnehmung gibt. Atheisten und Materialisten werden das hartnäckig verneinen – was ich ihnen gar nicht verüble, denn wenn sie bis hierher gelesen haben, beweist das ihnen und mir, dass sie gegenüber anderen Gedanken zumindest offen sind. Allerdings klammern sich auch hartnäckige Atheisten bisweilen bei Krankheit an einen Strohhalm, der dann doch „Gott" heißen könnte. Denn wenn noch jemand eine wundersame Heilung vollbringen könnte, dann doch nur dieser.

Falls nicht, stellt sich schnell die Frage, warum er nicht hilft. Warum Gebete nicht erhört wurden. Zweifel kommen auf, die man mit keinen noch so schönen theologischen Worten wegwischen kann. Vielleicht nimmt alles einfach seinen Lauf, wie es kommt – und dieser Schöpfer hat zwar das Universum erschaffen, kann aber keinen Einfluss auf den Lauf des Geschehens nehmen – falls er dies überhaupt wollte.

 Man ist geneigt, dies so zu deuten, denn wie sonst würde dieser große Schöpfer es zulassen, dass der Planet ruiniert wird, sich die Menschen gegenseitig totschlagen und dem angeblichen Paradies, sprich: den Naturgesetzen, nicht gefolgt sind? Das Beispiel von Adam und Eva lehrt uns doch, dass Adam mit dem Apfel vom verbotenen Baum in die geregelte Natur eingegriffen hat und deshalb er und Eva die paradiesischen Zustände verloren haben. Symbolisch für alle Menschen.

53
Was die Bibel zur Schöpfung sagt

Um abschließend noch einmal die Bibel zu zitieren, wo im Buch Genesis, Kapitel 1, auf bildhafte Weise erklärt wird, in welcher Reihenfolge die Entstehung des Universums aus dem Nichts vonstattengegangen sein soll: Am Anfang schuf Gott Himmel und die Erde. Die Erde aber war wüst und wirr, Finsternis lag über der Urflut, und Gottes Geist schwebte über dem Wasser. Gott sprach: Es werde Licht. Und es wurde Licht. Gott sah, dass das Licht gut war. Gott schied das Licht von der Finsternis und Gott nannte das Licht Tag, und die Finsternis nannte er Nacht.

Es wurde Abend und es wurde Morgen: erster Tag. Dann sprach Gott: Ein Gewölbe entstehe mitten im Wasser und scheide Wasser von Wasser. Gott machte also das Gewölbe und schied das Wasser unterhalb des Gewölbes vom Wasser oberhalb des Gewölbes. So geschah es, und Gott nannte das Gewölbe Himmel. Es wurde Abend und es wurde Morgen: zweiter Tag. Dann sprach Gott: Das Wasser unterhalb des Himmels sammle sich an einem Ort, damit das Trockene sichtbar werde. So geschah es. Das Trockene nannte Gott Land und das angesammelte Wasser nannte er Meer. Gott sah, dass es gut war. Dann sprach Gott: Das Land lasse junges Grün wachsen, alle Arten von Pflanzen, die Samen tragen, und von Bäumen, die auf der Erde Früchte bringen mit ihrem Samen darin. So geschah es. Das Land brachte junges Grün hervor, alle Arten von Pflanzen, die Samen tragen, alle Arten von Bäumen, die Früchte bringen mit ihrem Samen darin. Gott sah, dass es gut war. Es wurde Abend und es wurde Morgen: dritter Tag. Dann sprach Gott: Lichter sollen am Himmelsgewölbe sein, um Tag und Nacht zu scheiden. Sie sollen Zeichen sein und zur Bestimmung von Festzeiten, von Tagen und Jahren dienen. Sie sollen Lichter am Himmelsgewölbe sein, die über die Erde hin leuchten. So geschah es. Gott machte die beiden großen Lichter, das größere, das über den Tag herrscht, das kleinere, das über die Nacht herrscht, auch die Sterne. Gott setzte die Lichter an das Himmelsgewölbe, damit sie über die Erde hin leuchten, über Tag und Nacht herrschen und das Licht von der Finsternis scheiden. Gott sah, dass es gut war. Es wurde Abend und es wurde Morgen: vierter Tag. Dann sprach Gott: Das Wasser wimmle von lebendigen Wesen, und Vögel sollen über dem Land am Himmelsgewölbe dahinfliegen. Gott schuf alle Arten von großen Seetieren und anderen Lebewesen, von denen das Wasser wimmelt, und alle Arten von gefiederten Vögeln. Gott sah, dass es gut war. Gott segnete sie und sprach: Seid fruchtbar und vermehrt euch und bevölkert das Wasser im Meer, und die Vögel sollen sich auf dem Land vermehren. Es wurde Abend und es wurde Morgen: fünfter Tag. Dann sprach Gott: Das Land bringe alle Arten von lebendigen Wesen hervor, von Vieh, von Kriechtieren und von Tieren des Feldes. So geschah es. Gott machte alle Arten von Tieren des Feldes, alle Arten von Vieh und alle Arten von Kriechtieren auf dem Erdboden. Gott sah, dass es gut war. Dann sprach Gott: Lasst uns Menschen machen als unser Abbild, uns ähnlich. Sie sollen herrschen über die Fische des Meeres, über die Vögel des Himmels, über das Vieh, über die ganze Erde und über alle Kriechtiere auf dem Land. Gott schuf also den Menschen als sein Abbild. Als Abbild Gottes schuf er ihn. Als Mann und Frau schuf er sie. Gott segnete sie, und Gott sprach zu ihnen: Seid fruchtbar und vermehrt euch, bevölkert die Erde, unterwerft sie euch und herrscht über die Fische des Meeres, über die Vögel des Himmels und über alle Tiere, die sich auf dem Land regen. Dann sprach Gott: Hiermit übergebe ich euch alle Pflanzen auf der Erde, die Samen tragen, und alle Bäume mit samenhaltigen Früchten. Euch sollen sie zur Nahrung dienen. Allen Tieren des Feldes, allen Vögeln des Himmels und allem, was sich auf der Erde regt, was Lebensatem in sich hat, gebe ich alle grünen Pflanzen zur Nahrung. So geschah es. Gott sah alles an, was er gemacht hatte. Es war sehr gut. Es wurde Abend und es wurde Morgen: der sechste Tag.

Dann folgte der siebte Tag, an dem Gott sich ausruhen musste. Nicht nur die christlichen Religionen halten sich mit ihrem Wochen-Arbeitsrhythmus daran, sondern auch der Islam. Bei ihm ist aber nicht der Sonntag, sondern der Freitag der wichtigste Tag, an dem der Imam in der Moschee eine Predigt hält.

Ich habe die Schöpfungsgeschichte bewusst in ihrer vollen Länge hier zitiert, um sie auch Menschen zugänglich zu machen, die sie bisher nicht gelesen haben. Interessant ist nämlich, dass sich die Reihenfolge der Entstehung des Universums ziemlich genau mit den Erkenntnissen der Wissenschaft deckt. Natürlich ist dies alles nicht innerhalb von sechs Tage entstanden. Der Genesis nach hat Gott aus einer „Vorwelt", also aus dem Nichts, eine lebensfreundliche Erde gestaltet. Wer immer diesen Text verfasst, beziehungsweise nach alten Überlieferungen zusammengestellt und in neue Fassungen gebracht hat – eines muss man erkennen: In dieser Beschreibung wird von einer großen Macht ausgegangen, die kraft eigener Energie etwas aus dem Nichts hervor-

gebracht hat. Manche würden sagen: den Urknall.
Doch selbst dann stellt sich natürlich die Frage: wie
ist aus der Materie Leben entstanden? Eines scheint
mir ganz wichtig: Am Anfang war das Wort. Also
eine Intelligenz, eine Energie. Eine Macht.
Aber weshalb soll der Mensch ein Abbild Gottes
sein? Der menschliche Organismus ist zwar kompliziert und ein Wunder, aber leider auch sehr anfällig
gegenüber Krankheiten. Er wird von Bakterien und
Viren angegriffen und ist einem stetig fortschrei-
tenden Verfall unterworfen. Er ist Bestandteil der
Natur, die alles zurückholt.
Ein Gott wird – mit Verlaub gesagt – kaum eine derart vergängliche Hülle haben. Das ist nur eine von
vielen Fragen, die offen bleiben müssen.

54
Es gibt immer einen neuen Morgen

„Erhebe deine Stimme, wie eine Posaune" – wenn Sie
bis hierher durchgehalten haben, werden Sie bemerkt haben, dass ich zu vielerlei Themen meine
Stimme erhebe. Als Journalist und nachdenklicher
Mensch: möglichst mit kritischer Distanz, aber doch
auch mit Emotionen, wie sie oft auch an Stammti-
schen aufkommen. Ich habe versucht, vieles zusam-
menzufassen, was mich in Gesprächen im Familien-
kreis, bei Bekannten oder auch einstens in der Re-

daktion beschäftigt hat. Vielleicht können auch Sie aus meinen Texten ein paar Anregungen für spannende Diskussionen entnehmen. Denken Sie aber bitte immer daran: Bei vielen der Themen kann niemand die alleinige Wahrheit beanspruchen. Glauben heißt immer auch, nicht wirklich zu wissen. Solang niemand mit missionarischem Eifer oder gar auf militante Weise versucht, dem anderen die eigene Ideologie aufzuzwingen, können Gespräche und Zweifel anregend sein.

Was nie beantwortet werden kann, ist allerdings die Frage nach der Funktion und dem Sinn des Lebens. Ich hab es bereits mehrfach angedeutet: Es wird irgendetwas geben, das hinter allem steht. Eine große Macht und eine unsichtbare Welt, die uns umgibt und in der schützende Energien unser Leben bestimmen. Man möge sie Engel nennen. Anton und Berta, wie ich meine zwei getauft habe. Sie sollen uns beschützen und hilfreich zur Seite stehen.

Sind es Gebete, die erhört worden sind, wenn sich etwas zum Guten gewendet hat – oder war es nur Zufall? Ich neige dazu, es nicht dem Zufall zu überlassen. Denn positive Gedanken und der Glaube an etwas Gutes können tatsächlich etwas Positives bewirken.

Eines ist aber gewiss: Alles geht seinen Gang in der Schöpfung. Das Leben ist ein Kommen und Gehen. Alles scheint geregelt zu sein. Denn wenn etwas ist, wie es ist – dann gibt es auch nichts anderes. Wir sind Bestandteil dieses Universums und brauchen uns eigentlich nicht zu überlegen, was auf jeden von uns irgendwann zukommt. Es gibt keinen anderen Weg.

Wir sollten aber nicht vergessen, was uns das Universum lehrt: Nach jeder finsteren Nacht geht die Sonne wieder auf.